Buch

Der englische Regisseur John Boorman hat sich nie auf ein bestimmtes Filmgenre festlegen lassen. Sein Œuvre umfaßt so unterschiedliche Produktionen wie *Point Blank* (längst nicht mehr nur ein Geheimtip unter Cineasten), *Beim Sterben ist jeder der erste, Zardoz, Excalibur* und *Der Smaragdwald*. Er arbeitete mit so bekannten Darstellern wie Lee Marvin, Toshiro Mifune, Marcello Mastroianni, Sean Connery und Richard Burton. Sein Film *Hoffnung und Ruhm* (1987) behandelt die Zeit des Zweiten Weltkriegs, wie er sie als Kind in einem Londoner Vorort erlebt hat, und ist damit sein persönlichstes Werk, gewiß aber auch einer der bedeutendsten englischen Filme der letzten Jahre. Das Buch geht auf Boormans Gesamtwerk ebenso ein wie, in einem Beitrag des Regisseurs, auf die Erlebnisse, die in *Hope and Glory* verarbeitet sind.

Autor

Dr. Rolf Giesen gilt als einer der wichtigsten deutschen Filmpublizisten. Im Deutschen Filmmuseum in Frankfurt am Main gestaltete er eine Produktionsausstellung *Hope and Glory*, die der vorliegende Band informativ begleitet.

John Boorman-
Hope and
Glory Hoffnung und Ruhm

Das Portrait des Kino-Magiers
von Rolf Giesen

Originalausgabe

GOLDMANN VERLAG

Made in Germany · 10/87 · 1. Auflage
© 1987 by Wilhelm Goldmann Verlag, München
Umschlaggestaltung: Design Team München
Satz: IBV Satz- und Datentechnik GmbH, Berlin
Druck: Presse-Druck Augsburg
Verlagsnummer: 08984
Lektorat: Michael Görden
Herstellung: Ludwig Weidenbeck
ISBN 3-442-08984-0

Inhalt

Danksagung

Für Anregungen, Informationen, Gespräche und Bereitstellung von Material bedanke ich mich bei:

Norma Paulsen (Davros Production Services); Anthony Pratt; Philippe Rousselot; Sarah Miles; Diana Hawkins und Ewa Glazer (Goldcrest Films and Television); Michel Ciment; Herman Weigel (Neue Constantin); Tina Rolff (Classic Media); Jürgen Berger (Deutsches Filmmuseum); Stiftung Deutsche Kinemathek; Alfred Holighaus – nicht zuletzt bei John Boorman und Familie.

John Boormans Beitrag *Erinnerungen (A Memoir)* habe ich dem im Verlag Faber and Faber Limited, London, erschienenen Drehbuch *Hope and Glory* entnommen. Abdruck mit freundlicher Genehmigung von Autor und Verlag.

RG

Das Leben
des John Boorman

*Beim Sterben ist jeder der erste. Excalibur. Der Smaragd-
wald:* Der Regisseur dieser und anderer der wichtigsten englischen Nachkriegsfilme kam in einem Londoner Vorort zur
Welt. Am 18. Januar 1933 wurde John Boorman geboren. Als
das Reihenhaus seiner Familie während des Londoner Blitz
zerstört wurde, übersiedelte man an die Themse, in den Bungalow seines wohlhabenden Großvaters nach Shepperton.
(Boorman hat diese Episode seines Lebens in dem Film *Hoffnung und Ruhm* behandelt.) Shepperton war viele Jahre das
Zentrum der britischen Filmindustrie, und John sah oft bei
den Dreharbeiten zu, begeistert von der Möglichkeit, im Film
die Welt neu zu ordnen.

Zu seinem Vater hatte Boorman kein ausgeprägt gutes Verhältnis; eher waren es die Frauen der Familie, zu denen eine
starke Bindung bestand – so hatte er zwei Schwestern, aber
keinen Bruder. »Dezember 1981 gab ich anläßlich des 80. Ge-
burtstags meiner Mutter ein Dinner. Von den 40 Anwesenden
waren nur sechs Männer: mein Sohn Charley und ich sowie
vier andere, die zur Familie nur durch Heirat gehörten!« erzählte Boorman seinem Biographen Michel Ciment[1]. Obwohl Johns Familie protestantisch war, schickte ihn seine
Mutter auf eine von Jesuiten geleitete Schule (wie Hitchcock,
bemerkte Boorman später lächelnd), weil sie meinte, Lehrer
würden im Krieg eingezogen, nicht aber katholische Priester.
Auf der Schule wurde Pater McGuire für ihn zum Vaterer-
satz.

---

[1] Michel Ciment: John Boorman. London 1986. S. 42.

Als er 18 war, begann Boorman für Frauenzeitschriften zu schreiben. Dann arbeitete er für den Rundfunk. In seiner Jugend hat ihm das Radio viel bedeutet. Ab 1956 war er beim Fernsehen, zuerst bei den kommerziellen Sendern ITN und Southern TV (für Southern gestaltete Boorman, 5 Tage die Woche, die erfolgreiche Dokumentarserie *Day by Day*), schließlich, ab 1. Januar 1962, bei der BBC. Mit *Citizen 63* realisierte er eine vielbeachtete Dokumentarserie über Individuen, die Presseleute zu der Frage veranlaßte, wo Boorman denn nur solche außergewöhnlichen Menschen finde. »Er findet sie nicht, er erkennt sie«, antwortete Huw Wheldon, bei der BBC damals zuständig für Dokumentationen. In *The Newcomers,* schon nicht mehr rein dokumentarisch, erzählte Boorman in sechs Halbstundenfolgen die Geschichte eines jungen Ehepaares nach: die letzten vier Monate Schwangerschaft der Frau, die beruflichen Aktivitäten des Mannes, eines Journalisten, ihre Träume, ihr gesellschaftliches Leben, die Geburt von Zwillingen. Mit *The Quarry* verließ Boorman dann endgültig den Boden der Dokumentation, gestaltete die künstlerischen wie privaten Kreise eines fiktiven Bildhauers namens Arthur King. (Drehen wir diesen Namen um, erhalten wir übrigens King Arthur. Was es mit Boormans Interesse an Tafelrunde und Gral auf sich hat, werden wir später noch zur Genüge sehen.)

Der Erfolg von Richard Lesters erstem Beatles-Film *Yeah! Yeah! Yeah! (A Hard Day's Night)* bewog einen Produzenten von Anglo Amalgamated, David Deutsch, der auf Boormans Fernsehfilme aufmerksam geworden war, ihm einen Kinofilm mit der Pop-Gruppe The Dave Clark Five anzubieten: *Catch us if you can* – Boormans erster und einziger Spielfilm, der bislang in Deutschland nicht zu sehen war – entstand 1965. Steve (Dave Clark) und seine munteren Jungs (Lenny Davidson, Rick Huxley, Mike Smith und Denis Payton) verdienen sich ihr Geld als Stuntmen beim Film und machen gerade bei einem Commercial über Fleischwaren mit, als es Steve und den Star der Show, Dinah »the Butcha Girl« (Barbara Ferris), drängt, einfach in einem Jaguar abzuhauen, der der Produktion gehört. Ein Executive der Werbeagentur (David de Keyser) kommt auf die ebenso niederträchtige wie reklamewirksame Idee, das Ganze als Kidnapping zu annoncieren, Steve habe Dinah entführt, und alsbald ist die Polizei den beiden auf der Spur.

Nach *Catch Us* wollte Deutsch einen weiteren Film mit Boorman machen: *The Diamond Smugglers*, die Verfilmung eines Ian-Fleming-Stoffs über Diamantenschmuggel in Südafrika, die vom Erfolg der Bond-Filme profitieren sollte, aber aus dem Deal wurde nichts. Statt dessen drehte Boorman einen Film in Amerika: *Point Blank*.

Point Blank

Das Ende eines Verbrecherrings im Kugelhagel der Rache!

Erbarmungslose Vergeltung für den Betrug hinter Gittern!

Unter den Salven eines Verfemten zerbrechen die Bosse der Unterwelt!

Abrechnung unter Gangstern – die härteste »Justiz« der Welt!

MGM-Schlagzeilen für eine »zweistündige Nervenprobe der Action-Spitzenklasse«, die, so Frau Boorman, ihrer Zeit zu sehr voraus war. »Jetzt ist es ein Klassiker, ein wunderbarer Film ... aber für damalige Zeiten (1967) war er zu frisch.«

In routiniertem Tonfall schildert ein Reiseleiter die »Sehenswürdigkeiten« eines berühmt-berüchtigten Ortes, des Inselzuchthauses Alcatraz. Einen der Zuhörer wühlen, unbemerkt, Erinnerungen auf: Walker ist ein Vierziger mit verbissenen Zügen. Für Walker bedeutet Alcatraz die tiefste Demütigung seines Lebens: Während er saß, hinterging ihn sein Partner Mal Reese, Mitglied eines Verbrecherrings, der sich »die Organisation« nennt, mit seiner Frau Lynne und prellte ihn obendrein um einen Beuteanteil von rund 93 000 Dollar. Für Walker, der von Alcatraz entkommen konnte, gibt es nur noch ein Ziel: Vergeltung für den doppelten Betrug! Er wird die Organisation aufrollen und ihre Köpfe einzeln vernichten.

Seine innere Anspannung wird unterbrochen durch das Auftauchen eines undurchsichtigen Pokergesichts, das sich als Yost vorstellt. Yost kennt Walkers Vergangenheit und bietet ihm, ohne die eigene Identität preiszugeben, seine Unterstützung an. Gibt Walker den ersten heißen Tip: Lynne lebe mit Reese in Los Angeles zusammen. Walker zögert keine Sekunde, Lynne dort aufzusuchen. Wutentbrannt reißt er die Tür zu ihrem Schlafzimmer auf und feuert ganze Kugelsalven quer übers Bett – aber der verhaßte Nebenbuhler liegt nicht drin. Ein Geräusch im Nebenraum schreckt Walker auf. Es ist Lynne, deren verlebte Züge das ausschweifende Leben an der Seite von Reese verraten. Sie erwartet einen Boten, der ihr, wie jeden Monat, tausend Dollar von Reese überbringt, der sie ansonsten hat fallenlassen. Walker legt sich auf die Lauer und schläft fast ein, als ihn ein Laut hellwach werden läßt – nebenan liegt Lynne, die ihrem sinnlosen Leben ein Ende gesetzt hat!

Durch den aufkreuzenden Boten erfährt Walker eine Adresse der Organisation, die ihn zu John Stegman führt, Inhaber eines Autohauses. Walker heuchelt Interesse an einem Straßenkreuzer, in den er mit Stegman zwecks Probefahrt steigt. Für diesen wird die Probe- freilich zur Höllenfahrt. Walker kennt kein Erbarmen. Immer wieder rast er mit dem Wagen gegen Hindernisse, bis Stegman, aus diversen Wunden blutend, die Adresse von Chris preisgibt. Chris, Lynnes Schwester, leitet einen Jazz-Club und weiß, wo Reese sich aufhält. Daß Chris ihrem Schwager bei der Ausrottung des Syndikats hilft, versteht sich, nach Lynnes Selbstmord, von selbst.

In der Zentrale der Gangster herrscht inzwischen helle Aufregung über Walkers plötzliches Erscheinen. Stegman berichtet Reese, und der wird zu Carter zitiert, einem der einflußreicheren Bosse in der strengen Hierarchie der Organisation. Reese muß zugeben, daß er Walker damals um seinen Anteil von 93 000 Dollar gebracht hat, um die Summe der Gang zur Verfügung zu stellen. Carter erkennt, daß Walker sich nicht abschütteln läßt und für sie alle zur tödlichen Gefahr wird, wenn man ihn nicht rechtzeitig beseitigt. Absichtlich führt man ihn auf die Spur von Reese, aber Walker geht nicht in die Falle. Er dreht den Spieß um und ist entschlossen, direkt in der Höhle des Löwen für klare Verhältnisse zu sorgen. Hat er erst Reese in der Hand, ist es nur noch ein kurzer Weg bis zum Kopf der Bande...

Walker weiß, daß Reese verrückt nach Chris ist. Mit ihrer Hilfe will er ihm an den Kragen, ein Wagnis, das sie beide das Leben kosten kann. Reese lebt im obersten Stockwerk eines von der Organisation geführten Hochhauses. Schwerbewaffnete Gorillas sichern die Eingänge. Verabredungsgemäß sucht Chris den erstaunten Ganoven auf, den sie mit ihren nicht zu übersehenden körperlichen Reizen völlig in die Defensive drängt. Kaltblütig nutzt Walker die hilflose Situation seines Kontrahenten aus. Mit einem gellenden Schrei stürzt Reese in die Tiefe.

Carter, Brewster und Fairfax – das sind die Namen, die Walker Reese entlocken konnte. Carter residiert unter der Firmierung Multiplex-Gesellschaft im Stuart-Gebäude. Brutal meldet Walker seine Forderung bei ihm an: entweder das Geld – oder Carter ist ein toter Mann! Dann bestimmt er einen Ort, an dem die Summe binnen zwölf Stunden zu hinterlegen ist. Angesichts der auf ihn gerichteten Revolvermündung hat Carter keine andere Wahl als einzuwilligen. Stegman wird beauftragt, Walker den Packen Banknoten zu überbringen – und ein Mörder wird gedungen. Walkers Mißtrauen rettet ihm das Leben. Die Schüsse treffen, versehentlich, Auftraggeber Carter und Geldboten Stegman.

Brewster ist der nächste. Als Walker vor dessen Bungalow auf ihn wartet, erscheint Yost – und auch Chris ist da. Endlich taucht Brewster auf, den Walker so in die Enge treibt, daß er kapitulieren muß: Walker soll seinen Anteil erhalten. Ort der Übergabe: Fort Point, eine Festungsruine in San Francisco. Ein Hubschrauber wird im Schutz der Dunkelheit im Hof der Ruine landen und das Paket mit dem Geld an einer vorher bezeichneten Stelle hinterlassen.

Chris und Walker begleiten Brewster zum Fort. Walkers Faust umklammert den Revolver, als der Hubschrauber landet. Brewster eilt zum Helikopter, hebt das Bündel auf und fordert Walker auf, zu ihm zu kommen. Noch zögert Walker, da zerreißt ein trockener Knall die lähmende Spannung. Tödlich getroffen bricht Brewster zusammen, aus dem dunklen Hintergrund der Mauern löst sich eine Gestalt – Yost! Er ist in Wirklichkeit Fairfax, der oberste Boß der Organisation! Nachdem er seinen Rivalen Brewster ausgeschaltet hat, lädt er Walker ein, sich seine Beute zu holen. Einen Mann wie ihn, Walker, suche die Organisation schon lange. Zentimeterweise tritt Walker hinter die schützenden Mauerreste zurück. In seiner Hand liegt es jetzt, die endgültige Entscheidung über seine eigene Zukunft und die von Chris zu fällen...

In Los Angeles, wo er für eine Fernsehdokumentation über Filmpionier David Wark Griffith, *The Great Director*, recherchierte, traf Boorman einen jungen Produzenten namens Judd Bernard, der ihm ein Skript für einen Thriller zeigte. Vorlage war ein Roman von Richard Stark: *The Hunter*. Wenigstens die erste Drehbuchversion, die David und Rafe Newhouse geschrieben hatten (die zweite stammt von Alexander Jacobs), sagte Boorman nicht sonderlich zu, eine konventionell-nostalgische Gangstergeschichte mit einem Schuß Chandler, doch aus dem Protagonisten, dem von Rachegelüsten getriebenen Walker, ließ sich was machen. Einige Monate später begegnete Boorman dem Darsteller, den Bernard für die Rolle ins Auge gefaßt hatte und der gerade in London den Film *Das dreckige Dutzend (The Dirty Dozen)* drehte: Lee Marvin. Es war, man kann es nicht anders nennen, Liebe auf den ersten Blick. Marvin und Boorman redeten über Mythologie, über Zen-Buddhismus, über Krieg, über Filmbilder – und merkten, daß sie die gleiche Wellenlänge hatten. Der Entschluß, *Point Blank* zu machen, war gefaßt.

Lee Marvin: »Samstag nachmittags trafen wir uns bei mir

zu Haus, um das Drehbuch zu besprechen; und sonntags probten wir bis spät in die Nacht mit den anderen Schauspielern. Eines Tages bereiteten wir eine Szene vor, in der ich mich während einer Party mit (Reese-Darsteller) John Vernon auf dem Boden wälzen mußte, eine wirklich homosexuelle Angelegenheit. Vernon war nervös. Nachdem wir fast eine Stunde rumgeredet hatten, forderte ich ihn auf, endlich auf dem Boden zur Sache zu kommen. Aber er sträubte sich gegen jede Form von körperlichem Kontakt. Da hab' ich ihm einfach die Hose runtergerissen und ihm sprichwörtlich in den Arsch getreten. Das war bei mir zu Haus. Er war total erschrocken, sah John mit Tränen in den Augen an und beklagte sich: ›John, er hat mich getreten.‹«[1]

Lee Marvin ist halt nicht nur auf der Leinwand eine starke Persönlichkeit. Er liebt freie, kühne Reden, rasches Handeln und bewußtes Leben. Das Leben ist da, um genossen zu werden – lautet seine Philosophie. Arbeit ist ein Teil seines Lebens, und er genießt alles, was er tut. Vielen ein Rätsel, seine leichte Lebensart, gepaart mit großer Reserviertheit, belangloses Plaudern hassend, die tierhafte, körperliche Grazie – das sind Hauptmerkmale Marvins, von dem Judd Bernard meinte, er sei der Typ des Mannes, der Frauen anziehe wie ein Magnet. Boorman kennt aber auch Marvins sensitive Seite: »Ich hoffe, daß ich eines Tages die Rolle eines Mannes, der die Wunden der Welt tief fühlt und der mit einer Bewegung im Ausdruck, sensitiv und zart wie der einer Frau, darauf reagiert, für ihn haben werde.«

Point Blank war das erste Mal, daß sich eine, 125 Mitarbeiter starke Filmtruppe in die muffigen, zementkalten, unbeleuchteten Korridore des einstmals als sicherstes Zuchthaus der Welt geltenden Gefängnisses von Alcatraz wagte. Wo

---

[1] Ciment, S. 233.

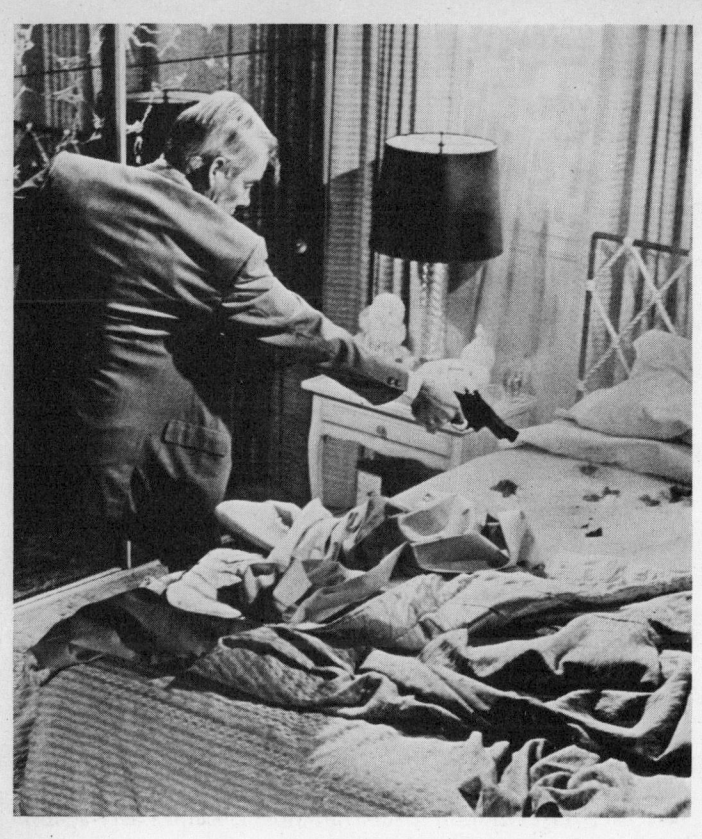

Lee Marvin in *Point Blank*
(Stiftung deutsche Kinemathek)

vordem Wachen patrouillierten, bevölkerten jetzt pfeifende Arbeiter die Rampen. Heißer Kaffee blubberte in den Maschinen auf Regalen, wo seinerzeit die Akten über Machine Gun Kelly, Baby Face Nelson, Doc Barker, Scarface Capone und ähnliche Berühmtheiten auf dem Gebiet des Verbrechens aufgestapelt waren. Lee Marvin und die Kanadierin Sharon Acker (Lynne) spielten eine Liebesszene in Zelle 200, dem »Untermietzimmer« Capones, von welchem jener seinerzeit durch ein stark vergittertes Fenster einen Blick auf das Stadtbild von San Francisco werfen konnte oder auf den Himmel, hinauf zu den fliegenden Pelikanen, nach denen die Insel benannt wurde.

Bevor MGM endlich die Bewilligung für Dreharbeiten im ehemaligen Zuchthausgebäude erhielt, waren monatelange Verhandlungen zwischen Studio und Bundesbehörde nötig. Die Produzenten des Films, Judd Bernard und Robert Chartoff, setzten sich persönlich mit Senator George Murphy, dem Bürgermeister von San Francisco, John F. Shelley, Jack Valenti, dem Chef der Motion Picture Association, und diversen anderen Behörden in Verbindung. Die Hauptbedingung für Erteilung der Drehgenehmigung war, daß der Film keine Glorifizierung von Verbrechen enthalten dürfe.

Die Umwandlung von Alcatraz in ein Aufnahmegelände bedeutete fast ein militärisches Manöver. Zehn Lastwagenladungen mit Ausrüstung verließen das MGM-Studio in Culver City für die 500-Meilen-Reise nach San Francisco. Generatoren, Bogenlampen, Hunderttausende Meter elektrischer Kabel, Taue, Wasserschläuche, Wassertanks, Kameras, Tonapparaturen, tragbare Funkgeräte, Telefone usw. Noch beschwerlicher war der Transport des Equipments von den Docks auf die Insel. Alle verfügbaren Boote mußten dafür gemietet werden. Riesenkrane von jeweils 90 Tonnen Tragkraft luden das Material aus, das dann mit Speziallastwagen auf Serpentinenwegen auf die Anhöhe geschafft wurde.

Aber es dauerte keine 24 Stunden, da waren Stars und Techniker in Alcatraz zu Hause. Produktionsleiter Ed Woehler ließ Mittagessen für Gourmets und Mitternachts-Dinner vom Hummer bis zum saftigen Steak servieren. Heißer Kaffee und Suppe standen jederzeit zur Verfügung. In puncto *catering* wurde alles getan, um die Crew bei Laune zu halten, denn oft mußte die Nächte hindurch, bis zum Morgengrauen, gearbeitet werden.

Für Boorman war *Point Blank* ein gleichnishaftes Gangsterstück über den drohenden Untergang der amerikanischen Überflußgesellschaft: »Was ich mit dem Film sagen wollte (und, kein Zweifel, das ist ein Klischee), ist, daß die amerikanische Gesellschaft sich selbst umbringt; sie ist auf dem Weg der Selbstzerstörung. Der Walker des Films ist ein Katalysator. Die Dekadenz der amerikanischen Gesellschaft bietet Angriffspunkte für eher primitive Kräfte.«[2]

Die amerikanische Gesellschaft hat das damals nicht zur Kenntnis genommen oder nicht wahrhaben wollen, am wenigsten die Produktionsgesellschaft MGM. Marvin: »...MGM verstand den Film überhaupt nicht. Eines Tages ließen die Studiobosse John zu einer Besprechung holen. Sie baten ihn, die Story zu erzählen, und weil er auswich, behandelten sie ihn wie einen Punk. Ich sagte ihnen, ich würde es nicht zulassen, daß man so zu meinem Regisseur spricht! John wußte eben noch nicht, wie man mit amerikanischen Produzenten umgeht. Er ist nicht der Typ, der einem ein Skript Szene für Szene vorträgt; er verfilmt es! Er ist ein Individualist, der nicht darum bettelt, daß man ihn versteht.«[3]

---

[2] Ebd., S. 76.
[3] Ebd., S. 233.

Point Blank

USA 1967. *Regie:* John Boorman.
Produktionsgesellschaft: Metro-Goldwyn-Mayer. Eine Judd-Bernard-Irwin-Winkler-Produktion. *Produzenten:* Judd Bernard, Robert Chartoff.
Drehbuch: Alexander Jacobs; David Newhouse, Rafe Newhouse. Nach
»The Hunter« von Richard Stark. *Dialog-Überwachung:* Norman Stuart.
Fotografische Leitung: Philip H. Lathrop, ASC. Eastmancolor durch Metrocolor. *Farbberatung:* Bill Stair. Aufgenommen in Panavision. *Schnitt:* Henry
Berman. *Schnittüberwachung:* Margaret Booth. *Musik:* Johnny Mandel.
Song ›Mighty Good Times‹ von Stu Gardner, gesungen vom Stu-Gardner-Trio. *Produktionsleitung:* Edward Woehler. *Stellvertretende Produktionsleitung:* Patricia Casey. *Regieassistenz:* Al Jennings. *Art Directors:* George W.
Davis (Überwachung), Albert Brenner (Ausführung). *Innenausstattung:*
Henry Grace (Überwachung), Keogh Gleason (Ausführung). *Kostüme:*
Lambert Marks, Margo Weintz. *Spezialaufnahmen:* David Steen. *Visuelle
Effekte:* J. McMillan Johnson. *Matte Painter:* Matthew Yuricich. *Optische
Effekte:* Howard A. Anderson Company. *Maskenbildner:* William Tuttle,
John Truwe. *Frisuren:* Sydney Guilaroff. *Ton:* Franklin Milton. *Mischung:*
Larry Jost. *Produktionsassistenz:* Rafe Newhouse. *Darsteller:* Lee Marvin
(Walker), Angie Dickinson (Chris), Keenan Wynn (Yost), Carroll O'Connor (Brewster), Lloyd Bochner (Frederick Carter), Michael Strong (John
Stegman), John Vernon (Mal Reese), Sharon Acker (Lynne), James Sikking
(gedungener Mörder), Sandra Warner (Bedienung), Roberta Haynes (Mrs.
Carter), Kathleen Freeman (Passantin), Victor Creatore (Carters Gefolgsmann), Lawrence Hauben (Autoverkäufer), Susan Holloway (junge Kundin), Sid Haig, Michael Bell (Penthouse Lobby Guards), Priscilla Boyd
(Empfangsdame), John McMurtry (Bote), Ron Walters, George Strattan
(zwei junge Männer im Apartment), Nicole Rogell (Carters Sekretärin), Rico
Cattani, Roland LaStarza (Reeses Leibwache). *Laufzeit:* 92 Minuten.

Die Hölle sind wir
(Hell in the Pacific)

Nach der fruchtbaren Zusammenarbeit mit Boorman in *Point Blank* war es Lee Marvin ein echtes Bedürfnis, einen weiteren Film mit dem Regisseur zu machen, der wiederum Elemente der amerikanischen Seele ausloten sollte, diesmal in bezug auf die jüngste Vergangenheit, den Zweiten Weltkrieg, den Krieg im Pazifik, den Marvin als junger Marine erlebt hat. Es traf sich, daß Producer Reuben Bercovitch eine entsprechende Story auf Lager hatte, die er bei Dreharbeiten in Japan (möglicherweise *Frankenstein – Der Schrecken mit dem Affengesicht*) mit einem Autor der Toho-Filmgesellschaft verfaßt hatte. (Später klagte der Autor eines sehr ähnlichen Broadway-Stücks erfolgreich gegen den Produzenten. Wahrscheinlich handelte es sich bei dem Stück um *Kataki* von Shimon Wincelberg.)

Die Hölle sind wir (oder *Der Feind*, wie der Film ursprünglich heißen sollte) ist ein, weitgehend stummes, Zwei-Personen-Stück, das gegen Ende des Kriegs auf einem winzigen Atoll im Südpazifik spielt, auf das es einen amerikanischen Piloten und einen japanischen Seeoffizier verschlagen hat. Den einen verkörpert Marvin, den anderen Toshiro Mifune, Star vieler großartiger Filme von Akira Kurosawa. (Mit Mifune wollte Marvin schon immer mal filmen.) In der sich anschließenden Robinsonade geraten die beiden, nur bewaffnet mit Messer und Bambusspeer, aneinander, belauern einander, neiden sich gegenseitig das Trinkwasser, nehmen sich gegenseitig gefangen. Aber dann läßt der Amerikaner den Japaner wieder frei. Offensichtlich hat der Aufenthalt auf dem einsamen Atoll das gruppenbedingte Feindverhalten der beiden

...die Hölle sind wir: Lee Marvin und Toshiro Mifune
(Stiftung deutsche Kinemathek)

geschwächt. Der Japaner fängt an, ein Floß zu bauen, und der Amerikaner hilft ihm dabei. Gemeinsam machen sie sich auf zu einer Gruppe kleinerer Inseln, die aber, wie sich herausstellt, von ihren Truppen inzwischen aufgegeben wurde. In einem Befehlsstand finden sie Zigaretten und eine Flasche Sake. Beim Umtrunk kommen die Gegner einander näher, doch das Studium von Kriegsfotos im *Life Magazine* bricht die zugeschüttete Kluft wieder auf. Die beiden gehen, so wie sie gekommen sind, als Feinde auseinander. (Der leise, nichtsdestotrotz starke Schluß des Films wurde gegen Boormans Willen in der Verleihversion dahingehend geändert, daß man mit einem Knalleffekt aufhören wollte und die Insel in die Luft sprengte.)

Da sich das für die Dreharbeiten ursprünglich ins Auge gefaßte Hawaii als zu sehr vom Tourismus domestiziert erwies, wählte man die Insel Palau, die zwischen Neuguinea und den Philippinen liegt. Vier Monate dauerten die Arbeiten auf der Insel, davon zwei oder drei Wochen Vorbereitung, zwei Wochen Proben. Mifunes Verhältnis zu Boorman ließ sich in dieser Zeit nur als wie zwischen Hund und Katze beschreiben. Wie sich herausstellte, orientierte Mifune seine Darstellung anfangs an einem von Boorman abgelehnten Skript des Kurosawa-Autors Hashimoto. Hashimoto hatte zwar nicht Kurosawas ernstgemeinten (?) Rat befolgt, die zwei Männer auf der Insel eine Frau treffen zu lassen, wohl aber hatte auch er aus dem Stoff eher eine Komödie in der Art von *Yojimbo* machen wollen. Trotzdem verhielt sich der in seinem Stolz getroffene Mifune loyal gegen Boorman, als die Produzenten den Regisseur nach einem Unfall zu feuern beabsichtigten. Die Produzenten waren verwirrt: »Aber Sie hassen doch Boorman.« – »Ja, das ist wahr«, gab Mifune zu. »Aber in jenem Teehaus in Tokio haben Boorman und ich den Vertrag, diesen Film zu machen, mit Sake begossen.« (Noch heute erinnert sich Boorman, daß man ihn nachher ins Hotel tragen mußte.)

Boorman über die Amerika-Philosophie dieses Films:
»Wenn am Ende Marvin von Gott spricht, erkennen wir die
Heuchelei des amerikanischen Systems, das auf christlichen
Glauben gegründet ist, auf den Glauben an Gott. Das ist Be-
standteil der Verfassung. Aber in Wirklichkeit ist es ein ent-
christlichtes Land, ein gottloses Land.«[1] In *Die Hölle sind wir*
gibt es eine Szene, in der Marvin auf den Kopf des gefangenen
Mifune uriniert. Für die Amerikaner waren ihre japanischen
Gegner nichts weiter als Horden kleiner Affen. Bei einer Vor-
führung des Films vor lauter Schwarzen, die offensichtlich
alle mit Mifune sympathisierten, rief ein Farbiger: »Und sie
pissen immer noch auf jeden!« Zufällig handelte Boormans
nächster Film von Schwarzen.

Hell in the Pacific (Die Hölle sind wir)

USA 1968. *Regie:* John Boorman.
Produktionsgesellschaft: Selmur Pictures. *Ausführende Produzenten:* Selig J.
Seligman, Henry G. Saperstein. *Produzent:* Reuben Bercovitch. *Drehbuch:*
Alexander Jacobs, John Boorman, Eric Bercovici. *Mitarbeit:* Shinobu Hashi-
moto. *Story:* Reuben Bercovitch. *Fotografische Leitung:* Conrad Hall. Tech-
nicolor. Aufgenommen in Panavision. *Schnitt:* Thomas Stanford. *Musik:*
Lalo Schifrin. *Produktionsleitung:* Lloyd E. Anderson, Harry F. Hogan,
Isao Zeniya. *Regieassistenz:* Yoichi Matsue. *Art Directors:* Anthony Pratt,
Masao Yamazaki. *Ausstattung:* Makato Kikuchi. *Spezialeffekte:* Joe Zomar,
Kunishige Tanaka. *Technische Beratung:* Masaaki Asukai.
Darsteller: Lee Marvin (der amerikanische Marinepilot), Toshiro Mifune
(der japanische Seeoffizier).
Laufzeit: 103 Minuten.

---

[1] Ciment, S. 90.

Leo der Letzte

(Leo the Last)

Die Grundlage für diesen Film lieferte ein Bühnenstück von George Tabori: *The Prince,* das in New York spielte, wo der Protagonist von seinem Fenster aus die Menschen auf der gegenüberliegenden Straßenseite beobachtete. Boorman, der zwei Jahre in Amerika verbracht hatte, schien der Stoff symptomatisch für den Zustand der amerikanischen Mittelschicht, die sich von ihrer Umgebung isoliert und kommunikationslos in sich selbst verharrt. Freilich siedelte er die Filmfassung, obwohl sie in einem schwarzen Ghetto spielt und daher auch ursprünglich *Schwarze Komödie* heißen sollte (dieser Titel mußte aufgegeben werden, da er schon vergeben war), nicht etwa in Harlem an, sondern in London, um die Aussage der Parabel nicht durch regionale Festlegung einzuschränken.

Der »Voyeur« des Films, Prinz Leo, ist der letzte Sproß eines imaginären Fürstenhauses. In seinem Londoner Emigrantenpalast inmitten der Slums sieht der Hobby-Ornithologe mit seinem Fernrohr lieber den Vögeln zu, als sich für die Umsturzpläne seines Getreuen Laszlo zu interessieren, der in der Heimat gewaltsam die Monarchie restaurieren will. Bei der Beobachtung der Vögel erlebt Leo, aus der Distanz seines hochherrschaftlichen Hauses, die Not, die Verzweiflung und das Laster der großenteils von Farbigen bevölkerten Straße, ohne zu wissen, daß die ganze Zeile des Elends eine profitträchtige Anlage seines Vaters und damit sein Erbe ist. Besonders eine Schwarze namens Salambo übt eine eigenartige Faszination auf den Aristokraten aus. Ständig will sie ein polnischer Ladenbesitzer vergewaltigen, und als ihr Freund Roscoe ihn deswegen aufmischt, wird er verhaftet. Unerkannt versucht Leo Salambo und ihrer Familie zu helfen, doch der Inhalt eines von ihm geschickten wohltätigen Care-Pakets ist zuviel für Salambos Vater, der nach der allzu üppigen Mahlzeit das Zeitliche segnet. Im weiteren Verlauf nimmt Leo sich vor, sein »Mündel« Salambo vor dem Zuhälter Jasper und einem Prostituiertendasein zu schützen. Bis er erkennt, daß der entscheidende Schritt zur Selbstverwirklichung in der Zerstörung seines Palais liegt. Also sorgt er dafür, daß es in einem pyrotechnischen Zauber in Flammen aufgeht, und übergibt dann die Straße den Armen.

Für die Rolle des Leo hatte Boorman Marcello Mastroianni gewählt, der ihm in Mario Moncellis *Die Peitsche im Genick (I Compagni)* aufgefallen war und den er einem englischen Schauspieler vorzog, um eine direkte Identifikation des anglo-amerikanischen Publikums mit dieser Figur zu vermeiden. Für Mastroianni war es der erste englischsprachige Film. Da er damals kein Wort Englisch sprach, lernte er seinen Dialog jeden Abend phonetisch mit Hilfe einer Dolmetscherin.

Boorman verwandelte für den Film eine ganze Straße in Londons Armeleuteviertel Notting Hill Gate in eine Filmkulisse und ließ sie sozusagen schwarzweiß streichen: »...der Grund, warum der ganze Film, obwohl farbig, in Schwarz, Weiß und Grau gehalten ist, ist, daß ich visuell wie thematisch den absurden Aspekt jeder Art von ›Farb‹problem verdeutlichen will. Wir alle sind in der einen oder anderen Weise farbig. Warum also die ganze Aufregung?« Und über die emotionale Atrophie, Gegenstand der Parabel: »Die Menschen lernen zu schnell; von allen Seiten dringt Information auf sie ein, jeden Tag. Alles, was passiert, wird in Sekunden weltweit verbreitet. Und das Resultat ist eine Art Überbelichtung, ein Ausbrennen. Man hat alles schon gesehen, wenn man soweit ist, sich seinen Lebensunterhalt zu verdienen. Warum sich also noch Mühe geben? Man kann keine Sache mehr anpakken, ohne das Gefühl zu haben, sie nicht schon mal in einem Film gesehen zu haben. Darum gibt es in Amerika jetzt Therapieschulen, die sich auf die Wiedererweckung der Sinne konzentrieren – die Idee ist, die Persönlichkeit des Individuums zurück ins Leben zu massieren. Leo wird im Film wiederbelebt, indem er wirkliche Menschen aus nächster Nähe sieht und erkennt, daß die idiotischen Exzesse seiner eigenen Klasse, etwa sich auf einer Party nur so zum Spaß auszuziehen, sinnlos sind.«[1]

1970 erhielt Boorman in Cannes für *Leo* die Goldene Palme als bester Regisseur.

Leo the Last (Leo der Letzte)

England 1969. *Regie:* John Boorman.
Produktionsgesellschaft: Char/Wink/Boor – Caribury für United Artists. *Produzenten:* Irwin Winkler, Robert Chartoff. *Drehbuch:* Bill Stair, John Boorman. Nach »The Prince« von George Tabori. *Zusätzlicher Dialog:* Ram John Holder. *Produktionsentwurf:* Tony Woollard. *Fotografische Leitung:* Peter Suschitzky. Farbe von DeLuxe. *Schnitt:* Tom Priestley. *Musik und Songs:* Fred Myrow. Gesungen von Ram John Holder, The Swingle Singers. *Produktionsleitung:* James M. Crawford. *Regieassistenz:* Allan James. *Kostüme:* Joan Woollard. *Spezialeffekte:* John Richardson. *Tonschnitt:* Jim Atkinson. *Tonaufnahme:* Ron Baron.
Darsteller: Marcello Mastroianni (Leo), Billie Whitelaw (Margaret), Calvin Lockart (Roscoe), Glenna Forster Jones (Salambo), Graham Crowden (Max), Gwen Ffrangcon-Davies (Hilda), David de Keyser (David), Vladek Sheybal (Laszlo), Keefe West (Jasper), Kenneth J. Warren (Kowalski), Patsy Smart (Mrs. Kowalski), Ram John Holder (Negerprediger), Thomas Buson (Mr. Madi), Tina Solomon (Mrs. Madi), Brinsley Forde (Bip), Robert Redman, Malcolm Redman, Robert Kennedy (Madi-Kinder), Phyllis McMahon (blonde Hure), Princess Patience (Negerhure), Bernard Boston, Roy Stewart (Jaspers Leibwache), Lucita Lijertwood (wehklagende Dame), Ishaq Bux (Manager des Supermarkts), Doris Clark (die singende Lady), Lou Gossett, Alba, Marcia Redman, Billy Russell.
Laufzeit: 104 Minuten.

---

[1] Sight and Sound, Sommer 1969.

Der Herr der Ringe
(The Lord of the Rings)

Schon als Junge war Boorman auf T. H. Whites *The once and Future King* gestoßen und »kam seitdem nicht mehr von der Artuslegende los«. Er verschlang Whites *The Sword in the Stone* und Eliots *The Wasteland*, eine – wie er findet – schwer zu lesende Version: »Aber daß es für mich unverständlich war, störte mich nicht mehr, als ich mir Eliots eigene Worte zu Herzen nahm: Poesie sollte gefühlt werden, ehe man sie versteht.« Er las Jesse L. Westons *The Grail in Myth and Legend*, John Cooper Powys *The Romance of Glastonbury*, Thomas Malorys *Le Morte d'Arthur* – und er verliebte sich in Wolfram von Eschenbachs *Parzifal*. Überall fand er den Nachhall der mächtigen Sage von König Arthur, den Rittern der Tafelrunde und, für ihn die interessanteste Figur, des Zauberers Merlin – von Richard Wagner über C. G. Jungs Untersuchung des Unbewußten bis hin zu J. R. R. Tolkiens *Lord of the Rings*. Eines Tages – dessen war sich Boorman sicher – würde er dem Mythos von Arthur und Merlin einen Film widmen.

Der Tag schien gekommen, als ihn David Picker, der damalige Produktionschef der United Artists, fragte, was für ein Filmprojekt ihm in Anschluß an *Leo den Letzten* vorschwebe. Boorman reichte Picker ein *Merlin*-Exposé, Picker machte Boorman einen Gegenvorschlag: Wie wäre es mit Tolkien? United Artists hatten die Filmrechte am *Herrn der Ringe* erworben, ohne sich zu überlegen, was man damit anfangen könnte. Für Boorman war das ein berauschendes, unmögliches Angebot: »Wenn Filmemachen für mich, wie ich öfter bekundet habe, Entdeckung bedeutet, sich selbst vor unmögliche Probleme zu stellen und an ihrer Lösung zu scheitern, dann kann ich bestätigen, daß einen die *Ring*-Saga in all diesen Punkten schult.«[1]

In Rospo Pallenberg, den es – nachdem er in Rom Architektur studiert und in New York einen von Wall Streets eindrucksvollsten Wolkenkratzern entworfen hatte – zum Film drängte, fand Boorman einen verwandten Geist, dem er die filmische Adaption der ›Mittelerde‹ antrug. Pallenberg: »Ich traf John das erste Mal 1969. Ich betätigte mich damals als Architekt in New York und hatte im Jahr davor *Point Blank* gesehen. Der Film beeindruckte mich in einer Weise, daß mir zweierlei bewußt wurde: Das ist der Weg, einen Film zu machen. Und: Auch ich kann mich im Film nützlich machen. Ich nahm mir vor, John zu begegnen, und ein Jahr später hatte ich Glück. Wir hatten noch keine zehn Minuten miteinander geredet, da bot er mir an, am Drehbuch der Tolkien-Trilogie *Der Herr der Ringe* mitzuwirken. Das war unsere erste gemeinsame Arbeit. Es ist sehr leicht, mit John zu arbeiten – und doch auch schwierig. Leicht, weil John hochintelligent ist, clever, findig, eine gute Allgemeinbildung besitzt, relativ geduldig ist und tolerant, was die Eigenheiten anderer angeht; schwierig aus denselben Gründen – man kann ihn nicht hinters Licht führen und ihm nur schwer widersprechen, aber letzteres kann sich lohnen, für ihn und für dich selbst.«[2]

Boorman nahm Pallenberg mit nach Irland in Klausur, wo Pallenberg erst einmal die Wände des Arbeitszimmers mit den Seiten des Tolkien-Buchs beklebte. Solcherart arbeitete man, umgeben von einer inspirierenden Landschaft, sprichwörtlich innerhalb des Buches. Charakterskizzen waren zu entwickeln, eine Chronologie und Querverweise, selbst eine Karte von ›Mittelerde‹. Sechs Monate nahm die Arbeit in Anspruch.

---

[1] John Boorman: Money Into Light. London 1985. S. 20.
[2] Ciment, S. 238.

Boorman: »Die Geschichte spielt in ›Mittelerde‹ und hat eine vage, unausgesprochen mittelalterliche Qualität. Es gibt Elben und Zwerge. Der Ring, der die Macht repräsentiert, wird gleichermaßen von den Kräften des Guten wie des Bösen begehrt; und der einzige Weg, ihn nicht den Händen letzterer zu überantworten, ist, ihn zu zerstören. Aber damit werden auch die zwei Pole Gut und Böse zerstört, und von da an ist Gut und Böse in jedermann. Es ist ein bißchen wie der Tod Gottes. Es ist ein wunderbares Buch, eine metaphysische Fabel ebenso wie eine Abenteuergeschichte.«[3]

Mit dem *Herrn der Ringe* wollte Boorman auch das damals brachliegende Feld der Special Effects neu beackern, den unvergänglichen Zauber der kinematographischen Pioniertaten eines George Méliès mit moderner Filmtechnologie füllen, ein Ziel, das dann erst George Lucas mit der *Star-Wars*-Saga erreichte. Ästhetisch schwebte Boorman so etwas wie Max Reinhardts Filmversion von *A Midsummer Night's Dream* vor. Auf jeden Fall konnte er seinen Briefpartner Tolkien beruhigen, der die Filmrechte allein zu dem Zweck veräußert hatte, einen Fonds für seine Enkelkinder anzulegen, und jetzt Angst hatte, die Filmleute würden ›Mittelerde‹ womöglich zu einem Zeichentrickfilm verarbeiten: Einen Cartoon, am Ende noch einen für die ganze Familie, würde er schon nicht daraus machen.

Doch als Boorman mit den Vorarbeiten fertig war, mußte er feststellen, daß es bei United Artists einige unliebsame Veränderungen gegeben hatte. Das Interesse an britischen Produktionen war merklich gesunken nach einer Reihe von Flops, zu denen leider auch *Leo der Letzte* zählte. »Als wir das Skript bei United Artists ablieferten, hatte der Executive, der es angeregt hatte, die Gesellschaft verlassen. Und sonst

[3] Ebd., S. 228.

hatte dort offensichtlich niemand das Buch gelesen. Sie waren verblüfft angesichts eines Skripts, das für die meisten von ihnen den ersten Kontakt mit ›Mittelerde‹ darstellte. Ich war wie am Boden zerstört, als sie es ablehnten.«[4]

Vergeblich suchte Boorman das Tolkien-Skript bei anderen Companies unterzubringen. Bis hin zu Disney zeigte man ihm die kalte Schulter. Tolkien selbst mußte nicht mehr miterleben, wie seine schlimmsten Befürchtungen schließlich Wirklichkeit wurden und Ralph Bakshi den *Herrn der Ringe* im Auftrag der United Artists in einem geschmacklosen Zeichenfilm verwässerte.

Wenigstens eine positive Randnotiz: Einige der Techniken, die Boorman für das *Ring*-Projekt erarbeitet hatte, konnte er für andere Produktionen nutzen. Und nicht zuletzt bestärkte ihn diese Erfahrung, Gandalf-Vorbild Merlin im Hinterkopf zu behalten. Unbedingt.

---

[4] Money Into Light, S. 21.

Beim Sterben ist jeder der erste
(Deliverance)

Hoch oben in Georgia, in der nördlichsten Ecke, an der Grenze zum Nachbarstaat South Carolina, schneidet sich der Chattooga durch eine unzugängliche Landschaft. Ein an Stromschnellen und Wasserfällen reiches Wildwasser fließt durch tiefe, zerklüftete Täler, in die noch nie ein Mensch seinen Fuß gesetzt hat, und mündet in einen ruhigen See, an dessen Ausgang ein mächtiger Staudamm im Entstehen ist. Bald wird er die ungebändigten Kräfte des Chattooga zähmen und in nutzbringende Elektrizität umwandeln. Die Schluchten, durch die sich der Fluß bislang grub, werden dann überflutet sein. Bis der Damm jedoch steht, wird noch einiges Wasser den Chattooga hinabfließen – es bleibt auf jeden Fall genug Zeit für das abenteuerliche Vorhaben von vier Großstädtern.

Lewis Medlock, noch am ehesten der Typ des Frontiers, Ed Gentry, ein mit sich und seiner Familie einigermaßen zufriedener Werbefachmann, Bobby Trippe, ein behäbiger Junggeselle, und Drew Ballinger – sie alle Manager-Typen, die ihre Tage in rauchigen Büros und ihre Wochenenden auf dem Golfplatz verbringen – wollen das Abenteuer ihres Lebens starten, wollen etwas anpacken, das, so formuliert es Lewis immer wieder, an Männlichkeit, Tatkraft und den Urinstinkt appelliert. Mit zwei Kanus wollen sie den Chattooga bezwingen, wollen über schier unbezwingbare Stromschnellen und Katarakte 50 Meilen hinab bis nach Aintry – etwas, das bislang noch niemand, der es wagte, überlebt hat. Dennoch könne wohl nicht viel schiefgehen, meint Lewis, hat man doch für alles vorgesorgt. Die Kanus aus Aluminium sind unsinkbar, die Ausrüstung ist erstklassig, als Waffen führt man

Pfeil und Bogen mit (Ed und Lewis sind begeisterte Sport-schützen).

Die Wagen läßt man in einer kleinen Ansiedlung stehen und die Boote zu Wasser. Noch ist der Fluß ruhig, eine wahre Idylle. Die ersten Meilen auf dem Wasser geht es spielend voran. Auch das erste Nachtlager entspricht ganz den Erwartungen. Sorglos geht es am nächsten Morgen weiter. Bobby und Ed sind in einem Kanu, Lewis und Drew im anderen. Gegen Mittag haben sich Bobby und Ed etwas abgesetzt, machen an der Mündung eines Wildbaches Rast, als sie sich plötzlich zwei finsteren Typen gegenübersehen, die ein Gewehr auf die beiden Bootsfahrer richten. Sie fesseln Ed an einen Baum und verlangen von Bobby, sich auszuziehen. Als dieser völlig nackt dasteht, macht sich der kleinere der beiden über ihn her und vergewaltigt ihn. Der andere will es seinem Partner gleichtun und sich an Ed ranmachen, doch in diesem Moment bricht der erste Strolch zusammen, von einem Pfeil durchbohrt. Aus dem Dickicht tritt Lewis, der schon einen weiteren Pfeil eingelegt hat, was den zweiten Waldbewohner zur Flucht veranlaßt. Die Leiche des anderen wollen die vier flußaufwärts begraben, in der Hoffnung, daß der demnächst über die Ufer tretende Fluß dieses schreckliche Geheimnis für immer bewahren wird.

Mit dem unbekümmerten Wochenend-Trip ist es nun natürlich vorbei. Unter den Männern gibt es Spannungen und Reibereien über Lewis' rigoroses Vorgehen. Es geht weiter mit dem einen Ziel: möglichst rasch nach Hause zu kommen. Die ersten Stromschnellen tauchen auf, weiter hinten dann ein Wasserfall. Ed fährt nun mit Drew in einem Boot und bemerkt plötzlich, wie dieser vornüber aus dem Kanu kippt. Ihm bleibt jedoch keine Zeit, sich um seinen Kameraden zu kümmern, denn im selben Augenblick kentert das Kanu. Den beiden anderen, Lewis und Bobby, ergeht es nicht besser. Sie werden ebenfalls aus ihrem Boot geschleudert und schlittern hilflos den Wasserfall hinunter, wobei Lewis sich das Bein bricht. Ed und Bobby gelingt es, den vor Schmerzen fast ohnmächtigen Lewis aus dem Wasser zu ziehen, der ihnen klarmacht, daß Drew von einer Kugel getroffen wurde und vermutlich tot ist. Wahrscheinlich verfolge sie der Komplize des von ihnen getöteten Waldbewohners auf den Felsen, um sie nun von der sicheren Höhe aus nacheinander umzulegen.

Um den vermeintlichen Killer unschädlich zu machen, bleibt Ed nichts anderes übrig, als die unbesteigbar scheinende Felswand zu erklettern und dem Mordschützen auf dem Plateau aufzulauern. Bei Einbruch der Dunkelheit wagt er das Unternehmen. Es dauert Stunden, bis er oben ist. Hinter einem Gebüsch verborgen, wartet er auf den Sonnenaufgang, als ein Mann mit einem Gewehr im Anschlag die Szene betritt. Ed spannt seinen Bogen, zieht durch und läßt den Pfeil von der Sehne, der den mutmaßlichen Killer voll in die Brust trifft. Der Rückschlag läßt Ed jedoch in seinen Ersatzpfeil stürzen, der sich ihm tief in die Seite bohrt. Ed beißt die Zähne zusammen und zieht den Pfeil heraus, um sich dann zu vergewissern, ob der Fremde tot ist.

Wenig später setzt man die Fahrt in dem heil gebliebenen Kanu fort, überwindet lebensgefährliche Stromschnellen und denkt sich bereits eine Geschichte aus, die man, möglichst glaubwürdig, den Behörden in Aintry vorsetzen kann. Tatsächlich werden die drei schwer angeschlagenen Kanuten von der Polizei mit erheblichem Mißtrauen empfangen. Der Hilfssheriff verdächtigt die drei, seinen Schwager auf dem Gewissen zu haben, der dort oben in den Schluchten jagen wollte und längst hätte zurück sein müssen. Da aber keine Beweise vorliegen, läßt der Sheriff die »Wochenendausflügler« ziehen, die jetzt ihre ganze Hoffnung darauf setzen, daß die nach Fertigstellung des Dammes eintretende Flut die Ereignisse dieses höllischen Weekends für immer unter sich begräbt.

Beim Sterben ist jeder der erste:
Burt Reynolds wird zum Kämpfer
(Stiftung deutsche Kinemathek)

Die Vorlage, den Bestseller *Flußfahrt (Deliverance)*, hatte der amerikanische Autor James Dickey (»Ich wollte einfach einmal versuchen, ob ich so etwas auch schreiben kann«) geliefert. Dickey, dessen Roman von Barry Beckman, dem damaligen Story Editor der Warner Brothers, einem Schüler Dickeys (und Bewunderer Boormans), noch vor der Veröffentlichung zur Verfilmung erworben worden war, beschreibt *Flußfahrt* als »eine Geschichte über eine Handvoll Männer, die gefahrvolle Dinge planen, um ihre Männlichkeit unter Beweis zu stellen, die aber in dem Moment, wo sie erkennen, wie lebensgefährlich dies ist, nichts Eiligeres zu tun haben, als um Befreiung aus dieser Lage zu beten…« Rein ideologisch waren Dickey und sein Regisseur Boorman übrigens nicht immer der gleichen Ansicht (Dickey vertritt einen zur Grausamkeit tendierenden Männlichkeitskult), menschlich aber kamen sie bestens miteinander aus. Die vielen sehr erfreulichen persönlichen Meetings von Autor und Regisseur haben dazu beigetragen, daß im filmischen Endprodukt in jedem der Protagonisten ein Stück Dickey steckt: Dickey, ein Athlet und Bogenschütze wie Lewis; Dickey, ein Künstler und Moralist wie Drew; Dickey, auch ein wenig Feigling wie Bobby.

Die Story, so filmisch wie keine zweite, stellte Boorman und sein Team natürlich vor eine Reihe schier unüberwindlicher Schwierigkeiten, die denen der Filmhelden (Jon Voight als Ed, Burt Reynolds als Lewis, Ned Beatty als Bobby, Ronny Cox als Drew) nicht unähnlich waren. Da der Drehort, die Schluchten des Chattooga, zu Lande nicht zu erreichen war, stiegen die Filmleute mit einigen Tonnen Ausrüstung auf Boote um – Verluste bereits einkalkuliert. Boorman kam nach drei Monaten härtester Dreharbeiten mit erheblich leichterem Gepäck nach Hollywood zurück – dafür aber auch mit einem der faszinierendsten Action-Filme.

Philip Strick vergleicht in seiner Rezension die Sensationen dieses Films mit denen der Samstagnachmittagsvorstellungen (Boorman selbst war in seiner Kindheit ein Fan jener dort gespielten Filmserials) – alles sei vorhanden: »Der Schurke mit der Schrotflinte, wahnsinnige Stromschnellen, ein unmöglicher Abhang im Mondlicht (mit surrealistischen Farbzeichnungen, die zum Alptraum beitragen) und auch das wirksame Spiel mit Suspense, etwa wenn geschossen wird, es aber eine Weile dauert, bis der Getroffene umkippt.«[1]

Wie immer bietet Boorman freilich mehr als, was schon viel ist, gekonntes Filmhandwerk und Suspense. Tom Milne verweist in diesem Zusammenhang auf eine Szene kurz vor Schluß, »...wo Ed, bevor er in die Sicherheit des familiären Umkreises heimkehrt, beobachtet, wie auf dem örtlichen Friedhof Särge ausgegraben werden, die man umbetten will, ehe das Tal in den Fluten das Damms versinkt«. Dadurch gewinne der Film eine andere Dimension. »Der Trip den Fluß hinab wird zu einer Reise durch ein Land, das schon tot ist, gemeuchelt von Zivilisation, bewohnt von bleichen Schatten menschlicher Existenzen, als Wegweiser die prophetische Erscheinung von Drews Leiche, die, nachdem versunken, wieder aus dem Wasser auftaucht, einen Arm um den Hals, in der bizarren Entspannung des Todes, nach nirgendwo deutend. Diese Erscheinung verfolgt Ed, in der letzten Szene des Films, bis in seine Alpträume, aus denen er aufwacht, mit der verwunderten Frage vielleicht, wohin die Menschheit ausweichen kann, um zu überleben.«[2] Ein Thema, das Boorman in seinem nächsten Film, utopisch, wieder aufgriff.

---

[1] Sight and Sound, Herbst 1972.
[2] Monthly Film Bulletin, September 1972.

Deliverance (Beim Sterben ist jeder der erste/Flußfahrt)

USA 1971–72. *Regie:* John Boorman.
Produktionsgesellschaft: Warner Bros./Elmar Enterprises. *Produzent:* John
Boorman. *Drehbuch:* James Dickey (und John Boorman). Nach »Delive-
rance« von James Dickey. *Story Editor:* Barry Beckman. *Fotografische Lei-
tung:* Vilmos Zsigmond. Technicolor. Aufgenommen in Panavision. *Schnitt:*
Tom Priestley. *Musik:* »Duelling Banjos«, arrangiert und gespielt von Eric
Weissberg mit Steve Mandel. *Produktionsleitung:* Wallace Worsley. *Kamera
2. Aufnahmestab:* Bill Butler. *Regieassistenz:* Al Jennings, Miles Middough.
Art Director: Fred Harpman. *Kostüme:* Bucky Rous. *Spezialeffekte:* Marcel
Vercoutere. *Maskenbildner:* Michael Hancock. *Tonschnitt:* Jim Atkinson.
Tonaufnahme: Walter Gross. *Mischung:* Doug Turner. *Creative Associate:*
Rospo Pallenberg. *Technische Beratung:* Charles Wiggin, E. Lewis King.
Darsteller: Jon Voight (Ed Gentry), Burt Reynolds (Lewis Medlock), Ned
Beatty (Bobby Trippe), Ronny Cox (Drew Ballinger), Billy McKinney (der
Mann aus den Bergen), Herbert ›Cowboy‹ Coward (der Zahnlose), James
Dickey (Sheriff Bullard), Ed Ramey (alter Mann), Billy Redden (Lonny),
Seamon Glass (1. »Grinser«), Randall Deal (2. »Grinser«), Lewis Crone (1.
Deputy), Ken Keener (2. Deputy), Johnny Popwell (Krankenwagenfahrer),
John Fowler (Arzt), Kathy Rickman (Krankenschwester), Louise Coldren
(Mrs. Biddiford), Pete Ware (Taxifahrer), Hoyt T. Pollard (Junge an der
Tankstelle), Belinha Beatty (Martha Gentry), Charley Boorman (Eds Sohn).
Laufzeit: 109 Minuten.

Zardoz

Ganz besonders das Science-fiction-Kino, seit *Star Wars* und *E. T.* eines der kassenstärksten Filmgenres, hat einen seltsamen Hang zur Infantilität. Nur vereinzelt werden aktuelle Trends der modernen utopischen Literatur aufgegriffen. Lieber radelt man in kurzen Hosen in eine von mächtigen Effektcomputern aufgeblasene Comic-Sackgasse, unter dem tosenden Beifall einer pubertären Gemeinde auf dem geistigen Niveau von Luftballonhirnen, denen schon mal vor Begeisterung über die dargebotenen Raumschlachten lautstark die Luft entweicht. Pfffft!

Zu den Ausnahmen gehört eine kurze Phase nach der amerikanischen Mondlandung 1969. Die von 2001 und Dänikens *Erinnerungen an die Zukunft* aufgewühlte Zukunftseuphorie war fürs erste passé. Es mehrten sich kritische Stimmen.

»Das Genre erreichte eine nie gekannte thematische Variationsbreite, und ambitionierte Versuche hatten eine Chance, die Probleme des Genres, die Technologie, die Katastrophe, die *Giant-City*-Gesellschaft etc. anders als nach den herkömmlichen Rezepten zu behandeln. Die thematische ging dabei mit einer gewissen stilistischen Diversifikation einher; so kühle Filme wie *The Andromeda Strain* standen neben den fantasy-inspirierten Filmen der *Planet-of-the-Apes*-Serie und so ›wilden‹ Versuchen im Genre wie John Boormans *Zardoz*.

Zu Anfang der siebziger Jahre wurde im Genre experimentiert (wobei freilich auch eine Reihe von kommerziellen *flops* produziert wurde); mit Macht versuchte man nun, so ernsthaft und bedeutsam zu sein wie die Science-fiction-Literatur.«[1]

Gewiß war *Zardoz* alles andere als ein leicht zugängliches Werk, und entsprechend vergnatzt reagierten einige Kritiker: »eine in nahezu jeder Beziehung bittere Enttäuschung« (*Time Out*); ein »Sammelsurium halbgarer Ideen, widersprüchlicher Andeutungen und an den Haaren herbeigezogener Erklärungen« (*Film-Dienst*). Inzwischen wissen wir, daß die philosophischen Gedanken, die Boorman in *Zardoz* angestellt hat, im Laufe der Jahre beängstigend aktuell geworden sind. Was sich in *Beim Sterben ist jeder der erste* andeutet, wird hier endgültig zum Leitmotiv Boormans: die fatale Entfremdung des modernen Menschen von seinen natürlichen Wurzeln.

Zardoz begann als Idee von einem Wissenschaftler, der sich der Futurologie verschrieben hat, dessen wahres Ich aber in der sterilen Wissenschaft keine Erfüllung findet. Während der Recherchen für dieses Projekt besuchte Boorman Landkommunen in North Carolina. Dabei schälte sich schließlich ein anderes Thema heraus: der Gedanke einer halb auf Mystik, halb auf Wissenschaft gegründeten Gemeinschaft, die den Holocaust überlebt hat und sich gegen eine rebarbarisierte Außenwelt verbarrikadiert. Für die Mitglieder dieses Ordens ist Sexualität ein Fremdwort geworden. Wie die Götter sind sie unsterblich. Eingeschlossen in ewiger, quasi klösterlicher Langeweile.

Es ist dies das Jahr 2293. Längst ist die Industriegesellschaft bankrott, seit 1990. Die Umwelt ist nach der »großen Dunkelheit« verseucht, und die Menschheit besteht aus zwei Gruppen: den wenigen Auserwählten einer intellektuellen Elite, die dank hochentwickelter Technologie den Tod besiegt hat und in Vortex, einem perfekt konstruierten, durch

---

[1] Georg Seeßlen: Kino des Utopischen. Geschichte und Mythologie des Science-fiction-Films. Reibek bei Hamburg 1980, S. 231.

einen Magnetvorhang hermetisch abgeschlossenen Utopia, lebt, sowie den Brutalen der verödeten Außenländer, die als Sklaven gehalten werden, um die Ernährung der Unsterblichen in Vortex sicherzustellen (es scheint so, als habe Boorman das dichotomische Motiv der Eloi und der Morlocks aus H. G. Wells' *Zeitmaschine* für seine Zwecke entlehnt). In der Außenwelt kann man nur mit Gewalt überleben – und hier hat allein eine Stimme das Sagen: die des von Vortex-Urheber Arthur Frayn erschaffenen Götzen *Zardoz*, eines an einen zornigen Zeus erinnernden fliegenden Steinkopfes, der Waffen speit, mit welchen die kriegerische Kaste der Exterminatoren, der Ausrotter, die Vermehrung der Wilden unter Kontrolle hält.

Eines Tages schmuggelt sich einer der Ausrotter, Zed, ins Innere des Steinkopfes, bevor dieser wieder nach Vortex startet, und schießt auf Frayn, den Piloten und die Stimme des Götzen (hinter *Zardoz* verbirgt sich nichts anderes als die Scharlatanerie eines *Wizard of Oz*). Die Gesellschaft von Vortex ist dreigeteilt: an der Spitze die Ewigen, die ewig Jungen; dann die Apathiker, die teilnahmslose Mehrheit der Unsterblichen; schließlich die Renegaten, die sich gegen die Gemeinschaft aufgelehnt haben und darum der Senilität überantwortet wurden. Die Männer sind impotent geworden, die Frauen, die die Macht übernommen haben, neigen daher zum Lesbiertum.

Die Frauen sind es, die Zeds natürlicher Männlichkeit sehr bald verfallen: die Seherin Avalow, die Zed von Anfang an unterstützt; die Genetikerin May, die in dem Fremden zuerst nur ein Testobjekt für eine Woche sieht; die Chef-Ideologin Consuella, die ihm zunächst mit offenem Haß begegnet und ihn nach Ablauf der Woche aus dem Weg räumen will.

In dieser einen Woche vermitteln die weiblichen Wissenschaftler Zed im Rahmen ihrer Forschungen das enzyklopädische Wissen von Vortex, in einer visuell sehr attraktiven

Zardoz – der Gott entpuppt sich als
technischer Trick und Verballhornung von
Wizard of Oz (einem Kinderbuch-Titel)
(Stiftung deutsche Kinemathek)

Sequenz. »Bilder von Gemälden, Wörtern, Ziffern, Symbolen werden auf Teile seines Körpers projiziert (hauptsächlich Großaufnahmen von seinem Kopf), wobei eine visuelle Collage entsteht; Worte, Lieder, Musik erzeugen einen analogen Effekt im Ton. Als die Kamera über eine Kette von Bildern streift…, steigert sich das Ganze zum Orgasmus. Wie in der Bibel hat ›Wissen‹ hier sexuelle Bedeutung. Zed wird erklärt: ›Nun weißt du alles, was wir wissen.‹«[2]

Er weiß jetzt, daß Vortex eine vom Untergang gezeichnete Gesellschaft ist. Nicht nur erblicken die von Todessehnsucht erfüllten Vortex-Renegaten – sie ähneln großbürgerlichen Anarchisten – in ihm die strafende Hand und den Befreier; es stellt sich auch heraus, daß der wiedererstandene Arthur Frayn selbst – für Boorman der Merlin des Stücks – dafür gesorgt hat, daß Zed in Vortex eindringen konnte, um den Unsterblichen die vermessene Bürde der Unsterblichkeit zu nehmen. Um sein Leben zu retten, die Wilden der Außenwelt von der Knechtschaft zu befreien und Frayns Plan zu erfüllen, zerstört Zed Vortex, indem er das Tabernakel lokalisiert, ein Netzwerk von Kristallen mit den Funktionen eines Großcomputers, und den Energieschirm um Vortex zusammenbrechen läßt, so daß die Exterminatoren eindringen können, um den Unsterblichen den ersehnten Tod zu bringen. Zed und Consuella entkommen als einzige dem Massaker. Ihnen ist bestimmt, von vorn zu beginnen, eine Familie zu gründen, alt zu werden und ein reiches Leben im Tod zu beschließen.

In *Zardoz* triumphiert, laut Boorman, die Magie über die Wissenschaft – oder anders ausgedrückt: die Natur über die Sterilität. Ein Leben ohne Leiden, Brutalität, Kampf und Tod ist für Boorman nicht lebenswert: »Bevor die Dreharbeiten begannen, war ich sehr betroffen von der Lektüre eines Zei-

---

[2] Marcia Kinder in Film Quarterly 27 (Sommer 1974), S. 52.

tungsartikels. Es ging darin um ein Experiment an einer Kolonie von Mäusen. Obschon sie unter idealen Bedingungen gehalten wurden, fingen sie an, sich wie die Bewohner von Vortex zu benehmen. Einige wurden apathisch; die Weibchen begannen die Männchen zu dominieren, die zu arbeiten aufhörten und den ganzen Tag spielten. Andere wurden aggressiv – echte Renegaten. Und sie hörten auf, sich fortzupflanzen.«[3] Für Boorman war Vortex natürlich nichts anderes als ein Abbild des heutigen Amerika. In Amerika, diesem verrückten Land des zügellosen Konsums, seien alle Leute besessen von der unsinnigen Sehnsucht nach Dauerhaftigkeit, nach Perfektionierung und Verlängerung ihres Daseins. Aber nichts ist bekanntlich ewig.

Ein Glücksfall für die Glaubwürdigkeit des Films war Sean Connerys schauspielerische Leistung als Zed (Connery ersetzte den ursprünglich für diese Rolle verpflichteten Burt Reynolds, der wegen eines Leistenbruchs absagen mußte). Connery, so Boorman, brauchte nur ein Wochenende, um das Drehbuch durchzulesen. – »Dann sagte er spontan zu. Ein paar Tage später war er schon in Irland bei mir und besprach mit mir Einzelheiten des Drehbuchs. Er hatte außerordentlich viel Phantasie, wirkte sehr selbstsicher und machte sich in jeder Hinsicht nützlich. Da wußte ich sofort, daß ich einen Treffer gelandet hatte.«

»Der Film war enorm schwer zu drehen«, berichtet Boorman. »Das lag nicht nur an den Spezialeffekten und dem ganzen äußeren Aufwand. Auch für die Schauspieler war die Arbeit körperlich sehr anstrengend, denn sie mußten ständig hin- und herrennen, besonders Sean, der außerdem fast die ganze Zeit halbnackt war. Gegen Ende des Films wurde es fast zuviel. Sean und Charlotte (Charlotte Rampling, Darstel-

---

[3] Ciment, S. 148

42

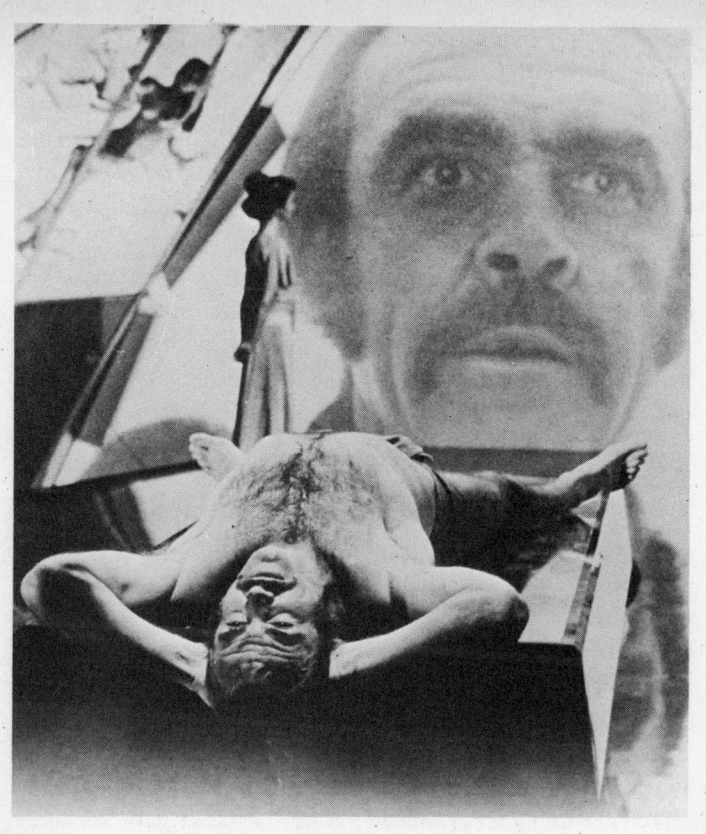

Sean Connery als Barbar
und Bezwinger einer erstarrten Gesellschaft
in *Zardoz*

lerin der Consuella) mußten immer wieder lange, mühsame Make-up-Sitzungen über sich ergehen lassen, denn es wird gezeigt, wie sie langsam immer älter werden, bis sie schließlich sterben. Sean war sehr nett und geduldig, aber dann stellte sich heraus, daß das Filmmaterial schadhaft war, als wir den ganzen Schluß des Films im Kasten hatten. Wir mußten also noch einmal von vorn anfangen. Diesmal machte Sean die Make-up-Prozedur schon mit weniger Gelassenheit mit, aber er hielt aus. Wir filmten die Sequenz noch einmal, und alles schien in Ordnung zu sein. Aber dann belichtete ein junger Bursche, der bei uns im Studio half, irrtümlich den Film, so daß er nicht mehr zu gebrauchen war. Ich ging zu Sean und sagte es ihm. Seine Reaktion war unbeschreiblich. Er ging buchstäblich in die Luft und verfluchte den Schuldigen bis ans Ende seiner Tage. ›Wo ist er?‹ brüllte er. ›Wenn ich ihn zu fassen kriege, breche ich ihm seinen verdammten Hals!‹ Der arme Kerl schlich tagelang völlig verängstigt durch das Studio und fragte immer nur flüsternd: ›Wo ist Connery? Mein Gott, habt ihr Connery gesehen?‹ Sean hatte eben keine Geduld mit Leuten, die ihre Arbeit nicht richtig machten. Ihm kam es immer nur darauf an, einen Film schnell und gekonnt durchzuziehen.«[4]

Jean-Jacques Arnaud, der Regisseur von *Am Anfang war das Feuer* und *Der Name der Rose*, bestätigt dem Verfasser übrigens, daß Boorman zu den Regisseuren gehört, die Connery am meisten verehrt.

---

[4] Michael Feeney Callan: Sean Connery. Seine Filme – sein Leben. München 1984. S. 218/20.

Zardoz

England/Irland 1973–74. *Regie:* John Boorman.
Produktionsgesellschaft: John Boorman Productions für Twentieth Century-Fox. *Produzent:* John Boorman. *Mit-Produzent:* Charles Orme. *Drehbuch:* John Boorman. *Story & Design Associate:* Bill Stair. *Produktionsentwurf:* Anthony Pratt. *Fotografische Leitung:* Geoffrey Unsworth, BSC. Farbe von DeLuxe. Aufgenommen in Panavision. *Schnitt:* John Merritt. *Musik:* David Munrow (unter Verwendung von Ludwig van Beethovens 7. Symphonie). *Produktionsleitung:* Seamus Byrne. *Regieassistenz:* Simon Relph. *Innnenausstattung:* John Hoesli, Martin Atkinson. *2. Kamera:* Peter MacDonald. *Kostüme:* Christel Kruse Boorman. *Spezialeffekte:* Gerry Johnston. *DNS-Fotografie:* Oxford Scientific Films. *Maskenbildner:* Basil Newall. *Tonschnitt:* Jim Atkinson. *Tonaufnahme:* Liam Saurin. *Mischung:* Doug Turner.
Darsteller: Sean Connery (Zed), Charlotte Rampling (Consuella), Sara Kestelman (May), Sally Anne Newton (Avalow), John Alderton (Freund), Niall Buggy (Arthur Frayn), Bosco Hogan (George Saden), Jessica Swift (Apathikerin), Bairbre Dowling (Star), Christopher Casson (alter Wissenschaftler), Reginald Jarman (Tod), Charley Boorman.
Laufzeit: 104 (105) Minuten.

Exorzist II – Der Ketzer
(Exorcist II: The Heretic)

Frierend und durchnäßt standen New Yorker im Dezember vergangenen Jahres mehr als vier Stunden in langen Schlangen vor vier Kinos: Sie zündeten kleine Feuer an, um sich zu wärmen, prügelten sich und drohten, die Kassen zu stürmen.

In Beverly Hills, in Kalifornien, fühlten sich Anrainer in ihrem Morgenschlaf behelligt: So früh nämlich begannen sich die Warteschlangen für die Abendvorstellung zu formieren.

In Boston, wo täglich 5000 Wartende zum gleichen Film wollten, knüppelte die Polizei immer wieder Vordrängelnde nieder, und in Los Angeles durften vor dem Kino keine Autos mehr parken, damit die Ambulanzen freie Zufahrt hatten.

So ungeahnt zügellose Kino-Begeisterung entfesselte der *Exorzist*, Hollywoods bislang spektakulärste Attacke auf Nerven und Gefühle seiner Zuschauer.

»Es war wie ein Aufruhr«, meinte Ralph Bailey, einer der sechs Sicherheitsbeamten vor einem New Yorker Kino, nachdem der Manager und mehrere seiner Angestellten von hysterischen Eintrittskartenbesitzern mit Messern verletzt worden waren, weil sie eine Vorstellung wegen der Tumulte vor dem Kino ausfallen lassen wollten.

»Ich bin seit 47 Jahren im Geschäft, aber so etwas habe ich noch nicht erlebt« – so schilderte Harry Francis, Geschäftsführer eines Kinos in Los Angeles, die Szenen, die sich während des *Exorzisten* im Kino abspielten. Er berichtete, daß während jeder Vorstellung drei bis vier Zuschauer ihn Ohnmacht fielen, andere fluchtartig den Ausgang suchten. Durch den dunklen Saal gellte das Kreischen von Mädchen: »Packt den Dämon!«

Obwohl in New York der *Exorzist* im Kino Herzanfälle, Erbrechen und sogar eine Fehlgeburt (»New York Times«) ausgelöst haben soll, zahlten Begierige auf dem Schwarzmarkt bis zu 50 Dollar; um rechtzeitig in den Film zu kommen, boten einige Zuschauer dem Kinopersonal Bestechungssummen von über 100 Dollar.

So berichtete 1974 das Hamburger Nachrichtenmagazin *Der Spiegel* über das nach William Peter Blattys Bestseller von William Friedkin in Szene gesetzte Horrorfilmphänomen *Der Exorzist* und folgerte:

In der Tat: Nie zuvor hat Hollywood so perfide und perfekt zugleich auf die geheimen Ängste und Verdrängungen der Zeitgenossen spekuliert wie im *Exorzisten*, der seinen Horror in Teufelsbesessenheit und der tödlichen schwarzen Messe einer Satansaustreibung münden läßt.[1]

Wenn John Boorman gewollt hätte, hätte er diesen Film machen können. Nach dem Erfolg von *Beim Sterben ist jeder der erste* hatte ihm Warner-Executive John Calley die Korrekturfahnen des Blatty-Werks gegeben und ihn um eine Stellungnahme gebeten, was er über den Erwerb der Filmrechte denke. Mit dieser Frage war natürlich das Angebot verbunden, Regie zu führen. Boorman hatte sich jedoch gegen den Ankauf des Buches ausgesprochen, da die Glaubwürdigkeit der Verfilmung allein von der darstellerischen Leistung eines 12jährigen Kindes abhing. Als Vater erschien ihm ein solches Unterfangen überdies geschmacklos und sadistisch. Die Warner-Leute aber hatten längst die Rechte erworben und übertrugen, nach Boormans abschlägiger Antwort, Friedkin die Regie. *Der Exorzist* wurde dann einer der erfolgreichsten Filme überhaupt, damals sogar *der* erfolgreichste Film aller Zeiten. Als man Boorman schließlich den zweiten Teil anbot:

---

[1] Nr. 39/1974.

Der Ketzer, akzeptierte er – sich wohl bewußt, daß einer Fortsetzung nie dasselbe Interesse entgegengebracht werden würde wie dem Original, aber er sah Möglichkeiten in William Goodharts Drehbuch – und außerdem lockte ein 18-Millionen-Dollar-Budget.

Im Mittelpunkt steht wieder die inzwischen 17jährige Regan MacNeil aus Georgetown, Washington DC, die vor nunmehr vier Jahren durch Exorzismus von einem assyrischen Dämon befreit wurde, der im zweiten Teil einen Namen bekommen hat: Pazuzu. Da das Mädchen aber immer noch, obwohl äußerlich völlig normal, von bizarren Träumen heimgesucht wird, will die Psychiaterin Dr. Gene Tuskin mittels »Hypnose-Synchronizer« Einblick in Regans Seelenleben nehmen. Zeuge des hypnotischen Therapieversuchs ist Pater Philip Lamont, der vom Vatikan beauftragt wurde, die Wirksamkeit des Großen Exorzismus zu überprüfen und die Begleitumstände des Todes von Pater Merrin aufzuklären, der bei dem Exorzismus einen Herzanfall erlitt. In einer zweiten Sitzung unterwirft sich Lamont, selbst nicht mehr der Stärkste im Glauben, zusammen mit Regan der »synchronisierten Hypnose«, um ihre Visionen mitzuerleben. Sieht, wie ein junger Pater Merrin in Afrika einen Knaben namens Kokumo exorziert, der Macht hat über die vernichtenden Heuschreckenschwärme, in denen sich Pazuzu manifestiert. Lamont ist überzeugt, daß Regan über ähnliche Kräfte verfügt wie Kokumo und daß es das war, was Pazuzu zu ihr zog, und fordert von seinem Oberen, Kardinal Jaros, ihn nach Afrika gehen zu lassen, um den jetzt erwachsenen Kokumo zu suchen, der als Entomologe immer noch auf Heuschrecken spezialisiert ist und Auskunft geben kann über das Wesen des Dämons. In Afrika verfällt der wankelmütige Priester freilich auch den Einflüsterungen Pazuzus. Zurück in Amerika, schleppt er Regan in das bewußte Georgetown-Haus, wo Pazuzu in dem Mädchen eine noch äußerlich nachvollziehbare Persönlichkeitsspaltung bewirkt, um mit Hilfe ihres bösen Ichs, personifiziert in einer lasziven Nymphe, den Gottesmann endgültig in die Enge zu treiben. Doch im Endkampf mit der geradezu biblischen Heuschreckenplage, die das Haus bersten läßt, bleibt die eigentliche, die gute Regan Siegerin.

Die Kritiken waren vernichtend. Und die Zuschauerreaktionen nicht besser. »Bei der Erstaufführung des Films in L.A., letzten Donnerstagabend in der Academy of Motion Picture Arts and Sciences, wurde häufig gelacht, und am Freitag, dem Eröffnungstag, warfen die Besucher im Hollywood Pacific Theatre Sachen gegen die Leinwand. Ähnliche Reaktionen, Gelächter und Buh-Rufe werden aus dem ganzen Land gemeldet, wo der Film in fast 800 Theatern läuft«, berichtete *Variety*. In der ersten Woche immerhin noch ein ganz passables Geschäft, trotz der Kritiken, wirkte die negative Mundpropaganda laut *Wall Street Journal* bald so verheerend, »daß in der zweiten Woche die Anziehungskraft in katastrophalem Ausmaß nachließ«. Versuche, den Film in neu geschnittener Version herauszubringen, verliefen im Sande.

Dennoch: so übel, verglichen mit dem Original-*Exorzisten,* ist der zweite Teil gar nicht. Von der Dimension her – wagen wir ruhig die These! – würde er heute möglicherweise mehr unter die Haut gehen als damals. Was ihm vor allem geschadet hat, ist der Teenager-Speck einer pausbäckigen Linda Blair (Regan), die laut Boorman zwar filmische Präsenz bewies, es aber an Seele fehlen ließ, und das unkonzentrierte Spiel von Richard Burton, dem man sein Desinteresse an der Rolle des Pater Lamont deutlich ansieht. Linda Blair war, aus Gründen der Kontinuität, leider ein Muß, Burton eine Entscheidung von Warners Ted Ashley. Boorman wollte für den Part Jon Voight haben, der aber ablehnte, oder Christopher Walken, der zu der Zeit jedoch zu wenig bekannt war. Burtons Besetzung führte dann dazu, daß aus dem leidenschaftlichen, impulsiven Priester des Drehbuchs ein desillusionierter, frustrierter Jesuit wurde. Dementsprechend wirkte das Verhältnis Burton – Blair auf der Leinwand. Weitere Änderungen, die am Drehbuch vorgenommen wurden: Ein männlicher Psychiater wurde, nachdem man keinen geeigneten Schauspieler auftrieb, kurzerhand zu einem weiblichen, gespielt von Louise Fletcher, und Lee J. Cobbs Part – im ersten Teil war er der Lieutenant William Kinderman – mußte wegen des Todes des Darstellers ganz gestrichen werden. Zudem war Max von Sydow alias Pater Merrin kaum interessiert, seine Rolle im zweiten Teil in Rückblenden zu wiederholen, da er der Auffassung war, im *Exorzisten* verdichte sich der latente Haß einer von Übervölkerung gezeichneten modernen Gesellschaft gegen Kinder. Boorman, der Verständnis hatte für die Befürchtungen des Schweden, konnte ihn dennoch umstimmen und zur Mitwirkung bewegen.

Ansonsten trug Boorman das Ergebnis, wenigstens nach außen, mit Ironie, indem er kommentierte, er habe eine Arena geschaffen, aber zuwenig Christen hineingeworfen. Intern aber war der Film für ihn eine Zerreißprobe, hin- und hergerissen zwischen persönlichem Anspruch und den Erfordernissen eines Hollywood-Schinkens, der in der Herstellung zweitausend Dollar die Stunde verschlang. Boorman fragte sich hinterher, warum er diesen Film überhaupt gemacht hatte. Die einzig freie Entscheidung im Filmgeschäft ist nämlich für ihn, einen Film zu machen oder es bleiben zu lassen. Ansonsten sei man Sklave eines Apparats, der im Falle des *Ketzers* traumatische Ausmaße annahm. Als Boorman auch noch ernsthaft erkrankte (und beinahe starb), mußten die Dreharbeiten für fünf Wochen unterbrochen werden. Schuld war ein giftiger Pilz, der in der Erde wucherte, die man aus Afrika ins Studio nach Burbank geschafft hatte. Dann kriegte seine Frau auch noch ein Geschwür und eine seiner Töchter einen Tumor. *Der Ketzer*, fürwahr, war ein Alptraum.

Exorcist II: The Heretic (Exorzist II – Der Ketzer)

USA 1976–77. *Regie:* John Boorman.
Produktionsgesellschaft: Warner Bros. *Produzenten:* Richard Lederer, John Boorman. *Mit-Produzent:* Charles Orme. *Drehbuch:* William Goodhart. Unter Verwendung von von William Peter Blatty geschaffenen Charakteren. *Drehbuch-Überarbeitung:* John Boorman, Rospo Pallenberg. *Regie 2. Aufnahmestab/Creative Associate:* Rospo Pallenberg. *Produktionsentwurf:* Richard MacDonald. *Fotografische Leitung:* William A. Fraker, ASC. Farbe von Technicolor. *Schnitt:* Tom Priestley. *Schnitt-Mitarbeit:* Alex Hubert. *Musik und musikalische Leitung:* Ennio Morricone. »Lullaby of Broadway« von Al Dublin, Harry Warren. *Produktionsleitung:* John Coonan, William Gerrity (New York). *Aufnahmeleitung:* John James. *Kamera 2. Aufnahmestab:* David Quaid, Ken Eddy, Diane Eddy. *Regieassistenz:* Phil Rawlins, Victor Hsu. *Art Directors:* Jack Collis, Gene Rudolf (New York). *Innenausstattung:* John Austin. *Szenenmaler:* Ron Strang. *Regans Zeichnungen:* Katrine Boorman. *Kostüme:* Robert de Mora. *Heuschreckenaufnahmen:* Sean Morris, David Thompson (Oxford Scientific Films). *Visuelle Effekte/Matte Painter:* Albert J. Whitlock. *Optische Effekte:* Van Der Veer Photo Effects (Frank Van Der Veer). *Hintergrundprojektion:* Bill Hansard. *Steadicam:* Garrett Brown. *Spezialeffekte:* Chuck Gaspar, Wayne Edgar, Jim Blount, Jeff Jarvis, Roy Kelly. *Spezialmasken:* Dick Smith. *Maskenbildner:* Gary Liddiard. *Choreographie:* Daniel Joseph Giagni. *Continuity:* Bonnie Prendergast. *Tonaufnahme:* Walter Gross. *Mischung:* Arthur Piantadosi, Les Fresholtz, Michael Minkler. *Toneffekte:* Jim Atkinson. *Synchron-Effekte-Schnitt:* Russ Hill. *Technische Beratung in Afrika:* Fiseha Dimetros. *Hypnose-Beratung:* Dr. Kenneth Fineman. *Entomologe:* Steven Kutcher. *Titel:* Dan Perri.
Darsteller: Linda Blair (Regan MacNeil), Richard Burton (Pater Philip Lamont), Louise Fletcher (Dr. Gene Tuskin), Max von Sydow (Pater Merrin), Kitty Wynn (Sharon Spencer), Paul Henreid (Kardinal Jaros), James Earl Jones (Kokumo), Ned Beatty (Edwards), Belinha Beatty (Liz), Rose Portillo (spanisches Mädchen), Barbara Cason (Mrs. Phalor), Tiffany Kinney (taubes Mädchen), Joey Green (Kokumo als Knabe), Fiseha Dimetros (junger Mönch), Ken Renard (Abt), John Joyce (Mönch), Hank Garrett (Kontrolleur), Larry Goldman (Unfallopfer), Bill Grant (Taxifahrer), Shane Butterworth, Joely Adams (Tuskin-Kinder), Vladek Sheybal (Stimme von Pazuzu).
Laufzeit: 117 (102) Minuten.

Excalibur

Das dunkle Zeitalter.

Nebel, Finsternis, erdig fahlgelbe Töne.

Ein kalter Mond bricht durch die Zweige. Heisere Rufe gellen durch den Wald. Rüstungen funkeln. Rosse prallen aufeinander. Ächzend fallen Kämpfer aus den Sätteln, schlagen klirrend auf den Boden. Es sind die Gefolgsleute des Herzogs von Cornwall und die Männer von Uther Pendragon, die in den Wäldern um Schloß Tintagel ihren Blutzoll entrichten.

Da betritt Merlin, der Zauberer, die Szene. Befiehlt den Kontrahenten, sich am See zu versammeln, aus dem, wie aus einer unfaßbaren Traumwelt der Vorzeit, Excalibur aufsteigt, das Schwert der Macht – »geschmiedet, als die Welt noch jung war, als Vogel, Tier und Blume eins waren mit dem Menschen und der Tod nur ein Traum war«.

Die Feinde reichen einander die Hand, wollen Verbündete sein. Es hat den Anschein, als lichte sich das Chaos. Doch Uther Pendragon, der von Merlin auserwählte Träger des Schwerts, mißbraucht die Macht. Nicht friedliche Einheit herzustellen ist sein Ziel, sondern allein zu töten, zu siegen und zu herrschen.

Igrayne, das Eheweib des Herzogs, begehrt er, dessen Anblick sein Blut mehr erhitzt als Kampf und Wein. Und sei es nur für eine Nacht. Selbst um den Preis eines neuerlichen Krieges. Merlin, dessen Pläne Uthers Machtdrang zu durchkreuzen droht, wird ihn auf seinem Weg in den Untergang nicht aufhalten. Im Gegenteil.

Dieser Merlin ist kein normaler Sterblicher, er ist ein Abgesandter der Weltenschöpfer und Hoher Priester des Okkulten, der es bisweilen genießt, Schicksal zu spielen. Er weiß den mystischen Drachen zu beschwören, der die Elemente Erde, Wasser (dem er entspringt), Luft und Feuer (das er speit) verkörpert.

Uther drängt Merlin, ihm die ersehnte Liebesnacht mit Igrayne zu verschaffen, und willigt in die Forderung des Zauberers ein, ihm der Liebe Frucht zu überlassen. Unter Aufbietung all seiner magischen Kraft läßt Merlin den Liebesdurstigen auf dem Nebelatem des Drachen, jener »Bestie ungeheurer Macht, die überall und in allem zu finden ist«, die Schlucht überqueren, die ihn von Schloß Tintagel trennt, verwandelt ihn dabei in das Abbild des Herzogs, während der mit seinen Männern heimtückisch die Burg verläßt, um im Schutz der Nacht die betrunkenen Söldner im Lager Uthers niederzumetzeln. Derweil singt Igrayne beider Tochter Morgana in den Schlaf. »Mein Vater ist tot«, entfährt es plötzlich der Kleinen. Tatsächlich ist im selben Moment der Herzog vom Pferd gestürzt und aufgespießt worden. Doch da tritt Uther, in des Herzogs Gestalt, ins Zimmer, um das Lager mit Igrayne zu teilen.

Diese steht vor einem Rätsel, als ihr toter Gemahl in die Burg getragen wird: Wie konnte er draußen im Kampf gefallen und gleichzeitig bei ihr gewesen sein? Neun Monate später fordert Merlin, den Uther, der neue Herzog von Cornwall, so gut wie vergessen hat, seinen Tribut: den Knaben, den Igrayne zur Welt gebracht hat. Vergebens das Wehklagen der Mutter.

Als er Merlin hinterherreitet, wird Uther, den das Volk nicht als rechtmäßigen Herzog anerkennt, von Aufständischen überfallen und tödlich verwundet. Sterbend stößt er Excalibur in einen Felsen, aus dem es nur ein wahrer König befreien kann.

18 Jahre sind vergangen. Auf ihrem alljährlichen Turnier

kämpfen die Edlen des Landes um das Recht, den Versuch antreten zu dürfen, Excalibur aus dem Felsen zu ziehen. Unter den Knappen auch ein junger Bursche namens Arthur, Sproß der bewußten Liebesnacht, mit dem das Schicksal, wie sein Mentor Merlin weiß, große Dinge vorhat. Als seinem Ritter das Schwert gestohlen wird und er den Dieb verfolgt, kommt Arthur an dem Felsen vorbei, aus dem das Schwert Excalibur ragt. Gebannt tritt er näher und zieht die Klinge, was vor ihm noch keiner geschafft hat, ohne sonderliche Anstrengung aus dem Stein. Die erstaunten Schreie der Umstehenden veranlassen ihn freilich, das Schwert wieder in den Felsen zu stoßen. Die Ritter aber wollen einen neuen Beweis von ihm, und noch einmal zieht der Stallbursche die Klinge aus dem Stein. Als sie das sehen, knien die Edlen, die wissen, daß es sich hier nicht um Zufall, sondern um Fügung handelt, nieder und küssen dem Jungen die Hand: »Wir haben einen neuen König!«

Gegen seine Feinde hat der junge König natürlich einen mächtigen Verbündeten in Merlin, der mit Genugtuung verfolgt, wie sein Protegé alle Widersacher überwindet. Als dann die letzte Schlacht geschlagen ist, versammelt Arthur seine Ritter um sich und läßt sie schwören auf Treue, Frieden, Brüderlichkeit. In der grünen Hügellandschaft erbaut er endlich, zum Zeichen der neuen Prosperität des Landes, das goldschimmernde Schloß Camelot, hoffnungsfrohes Symbol eines goldenen Zeitalters. In der Halle des Schlosses läßt er, auf Empfehlung Merlins, einen großen Rundtisch aufstellen, an dem sich seine Ritter treffen: Es ist die Gründung der Tafelrunde. Mit diesem schöpferischen Akt soll nach dem Willen Merlins die Kontinuität der alten Welt zementiert werden, in einer Endzeit, in der das aufblühende Christentum längst die Götterdämmerung einläutet. Es soll verhindert werden, was nicht zu verhindern ist. Merlin ahnt es: »Die Tage sind gezählt für Menschen, wie wir es sind. Bald gibt es nur noch einen Gott, die alten Götter werden vertrieben. Die Geister des

Waldes und der Bäche werden allmählich verstummen, das ist der Lauf der Dinge; ja, es ist eine Welt, in der für uns kein Platz mehr ist.«

Eines Tages dringt die Kunde zu Arthur, ein kühner Ritter in silberglänzender Rüstung sei im Lande, der alle Ritter der Tafelrunde im Turnierkampf gedemütigt habe: »Ich bin Ritter Lanzelot, und ich suche nach einem stolzen und starken Herrn, dem ich meine Dienste auf immer verschreiben kann.« Selbst Arthur, der die Ehre seiner Recken wiederherstellen will, droht Lanzelot im Zweikampf zu unterliegen. In seiner Not setzt er die magische Kraft Excaliburs gegen seinen Gegner ein und erschlägt ihn, wobei das Schwert zerbricht, denn nur im Kampf um eine gerechte Sache darf es verwendet werden, niemals in einem von blinder Wut und Eigennutz diktierten Duell. Verzweifelt wirft Arthur, der den Frevel einsieht, Excalibur ins Wasser. Plötzlich schimmert durch das klare Wasser die Gestalt einer Frau. Die Dame vom See ist es, die das Schwert, unversehrt, als wäre es nie zerbrochen, wieder an die Oberfläche trägt. Und auch Lanzelot steht wie durch ein Wunder von den Toten auf. Er hat seinen Meister gefunden. Die beiden Männer umarmen einander. Die Tafelrunde ist komplett.

Zur Königin erwählt sich Arthur die schöne Guenevere, Tochter eines seiner Ritter. Ihre Hochzeit wird zum Freudenfest. Die Menschen überfällt ein kurzer Taumel des Glücks. Das Volk hungert nicht mehr. Die Zeit des Mordens scheint vorbei. Doch dieser Zustand ist nicht von Dauer. Schloß Camelot wird zum goldenen Käfig; an der Tafelrunde geben sich die Ritter dem Trunk hin. Wie in *Zardoz* birgt auch hier Utopia seinen eigenen Untergang, wird an in dekadentem Treiben gezüchteten Leidenschaften zugrunde gehen.

Lanzelot, der sich von alldem fernhält, wird eines Nachts, als er nackt im Wald liegt, von einem fremden Ritter bedroht, der ihn schwer verwundet. Lanzelot kann dem Fremden den Helm vom Kopf schlagen und muß erkennen, daß die Rüstung leer ist, daß er gegen sich selbst gekämpft, sich selbst die Wunde beigebracht hat. Es ist die Wunde eines gemarterten Gewissens, denn Lanzelots verbotene Gedanken kreisen einzig um Guenevere, die ihre Augen nicht lassen kann von dem stolzen Ritter.

Weiteres Unheil droht von Morgana, Arthurs Halbschwester, die sich von Merlin hat einweisen lassen in die geheimen Künste der Alchimie – mit dem Hintergedanken allerdings, Rache zu nehmen an dem Zauberer, den sie für den Tod ihres Vaters verantwortlich macht. Auch den Tod Arthurs will sie, um selbst die Macht an sich zu reißen in Camelot. Sie behext einen Ritter, damit der an der Tafelrunde Klage führt gegen die Königin und sie der Untreue bezichtigt. Gueneveres Unschuldsbeteuerungen sind vergebens. Ein Gottesgericht soll die Wahrheit an den Tag bringen: Erst wenn der Ankläger in einem Kampf auf Leben und Tod unterliegt, ist die Ehre der Königin wiederhergestellt. Doch ist keiner der Ritter bereit, für Guenevere zu streiten. Nur Lanzelots junger Knappe Parzifal tritt vor. Damit er standesgemäß kämpfen kann, schlägt Arthur ihn zum Ritter. Aber dann unterbricht, unerwartet, Lanzelot selbst den ungleichen Kampf und besiegt den Ankläger trotz seiner schweren Verwundung. Jetzt drängt es Guenevere erst recht zu Lanzelot, und in den Wäldern macht sie aus der falschen Anschuldigung eine wahre. Mit eigenen Augen muß Arthur den Treuebruch mit ansehen.

Der Traum vom goldenen Zeitalter ist ausgeträumt. Lanzelot flieht außer Landes, Guenevere geht ins Kloster, Arthur verfällt der Schwermut, die Ritter zerstreiten sich, das Reich zerfällt, das Volk hungert, Raubritter verwüsten das Land.

Dies ist die Stunde der Morgana. Es gelingt ihr, Merlin auszuschalten und in einen Kristall zu verbannen. Und ebenso wie durch sein Zauberspiel ihre Mutter getäuscht wurde, so

Excalibur – der Mythos wird Film
(Neue Constantin)

gaukelt sie nun Arthur Visionen von Guenevere vor, in deren Gestalt sie das Lager mit ihm teilt. Frucht dieser Inzucht ist Mordred, der von seiner Mutter dazu ausersehen ist, dereinst Arthur zu töten und seine Nachfolge anzutreten.

Nur eine neue, große Herausforderung vermag jetzt noch Arthur und das Land aus dem Zustand der Hoffnungslosigkeit und Apathie zu erlösen, eine Herausforderung wie die Suche nach dem Heiligen Gral, dem Symbol für das Blut Christi. Ihn zu finden schwärmen die Ritter der Tafelrunde aus, doch alle werden sie vom jungen Mordred und seiner Mutter in den Tod gelockt. Auch Parzifal wird von Morganas Helfern überwältigt und an einem Galgenbaum aufgeknüpft, wo bereits die Kadaver der anderen Ritter verwesen, aber er überlebt. Entledigt sich seiner Ritterkleidung und betritt, als der unschuldige Tor, der er einst war, die Gralsburg, erfährt die Botschaft des Grals.

Als Parzifal dem König vom glücklichen Ausgang seiner Mission berichtet, findet der noch mal zu seiner alten Kraft und rüstet sich zur letzten Schlacht gegen den jetzt erwachsenen Mordred. Um ihn herum beginnt das Land zu blühen, als er mit den Seinen ins Feld reitet:

»Die Tafelrunde war eine wunderschöne Zeit, die unvergeßlich bleiben wird, und weil sie unvergeßlich bleiben wird, wird sie einmal wiederkehren. Jetzt muß ich noch einmal mit meinen Rittern ausziehen, zu verteidigen, was war und wieder sein könnte – diesen Traum.«

Die Schlacht artet zu einem blutigen Gemetzel aus: Auch Lanzelot, der sich wieder in des Königs Getreue eingereiht hat, fällt – und zum Schluß durchbohren sich Arthur und Mordred gegenseitig, während ein wiedererstandener Merlin der ruchlosen Morgana die Sinne vernebelt. Allein Parzifal überlebt, Hoffnungsträger und Abbild des jungen Arthur. Auf Geheiß des sterbenden Königs legt er Excalibur in die Hände der Dame vom See. Im See wird es ruhen, bis sich ein neuer König seiner würdig erweist. Dann trägt ein Boot Arthurs Leichnam hinüber zum Totenreich Avalon.

Für Boorman, der sich so lange auseinandergesetzt hat mit dem Artusmythos, mit dem magischen Charisma eines Merlin, der wiederholt Motive dieses Mythos in früheren Filmen verarbeitet hat, steht *Excalibur* natürlich im Mittelpunkt seines Werkes. Für Vorbereitung und Realisierung opferte er mehrere Jahre. Die filmische Adaption des Mythos brachte eine Reihe von Problemen mit sich: Von dem Augenblick an, da Arthur seine Ritter aussendet, den Gral zu suchen, als Sühne für die Sünden, die er begangen hat, hört er auf, eine aktive Rolle zu spielen. Diese fällt Parzifal zu. Zweitens verschwindet auch Merlin ab einem bestimmten Punkt der Geschichte. Drittens drohte die Vielfalt von Episoden eine Filmadaption zu überladen. Tatsächlich hätte das erste Szenario, das Boorman bei Warner Bros., den *Exorcist-II*-Produzenten, einreichte, einen Film von viereinhalb Stunden Länge ergeben.

Boorman wandte sich daraufhin an Rospo Pallenberg, eingedenk seiner guten Erfahrungen mit ihm während der Vorbereitung des Skripts für *Lord of the Rings*, das ähnlich gelagerte Probleme bot. Pallenberg reorganisierte das umfangreiche Material und trug zu seiner Straffung vor allem durch zwei Ideen bei. Boorman: »Seine erste Idee war, die Chronologie der Geschichte durch erhebliche Aussparungen zu unterbrechen: zwischen Arthurs Geburt und seiner Jugend; zwischen Arthurs erstem Treffen mit Guenevere und ihrem Wiedersehen, nachdem er siegreich aus dem Kampf hervorgegangen ist; zwischen Mordred als Kind und dem erwachsenen Mordred. Es erlaubte uns, Arthurs Kindheit auszulassen, die den Kern von T. H. Whites wunderbarem Buch *The Once and Future King* bildet. Es machte außerdem Arthurs Begegnung mit Lanzelot dramatischer, da wir in einer einzigen Aufnahme von Arthur als Heranwachsendem auf Arthur als reifem, bärtigem König, in voller Rüstung thronend, überblenden. In einer ähnlich konzipierten Szene küßt Mordreds Mutter ihren jungen Sohn – und in der nächsten Aufnahme ist er zehn Jahre älter. Diese Zeitsprünge geben der Geschichte eine narrative Dynamik. Die zweite brillante Idee Pallenbergs war die Szene, in welcher Uther Pendragon das Schwert Excalibur in den Stein stößt, eben als Erklärung, wie es überhaupt da hineingelangte.«[1]

Aber erst der Erfolg der *Star-Wars*-Saga verhalf dem Projekt zum Okay eines potenten Finanziers (Mike Medavoy von Orion Pictures), denn: »Sie brauchen nur statt Obi-Wan Merlin zu denken und Luke Skywalker als den jungen Arthur und Han Solo als Lanzelot, dann wissen Sie, woher George Lucas seine Inspiration bezog.«

Niemand könne mit Sicherheit sagen, ob Arthur wirklich gelebt hat, erklärt Boorman: »Aber falls er jemals lebte – was Historiker und Archäologen als sehr wahrscheinlich ansehen –, dann war es wohl im 6. Jahrhundert.« Vermutlich regierte an der Schwelle zum Christentum ein großer König in den westlichen Provinzen Englands, dessen Andenken Balladensänger über die Jahrhunderte am Leben hielten. Zum erstenmal taucht Artus in der Literatur des 12. Jahrhunderts auf, in Geoffrey of Monmouths *History of the Kings of Britain*.

Da wenig bekannt ist über Kleidung und Rüstungen jener Zeit, versuchten Boorman und Kostümdesigner Bob Ringwood erst gar nicht, »authentische« Kostüme zu schaffen. Ihnen schwebten Fantasie-Rüstungen vor, angeregt von einem Bild von Gustav Klimt (Kriegerkönigin in Rüstung). Klimt war, laut Ringwood, ein ideales Vorbild: »Das gleißend polierte Gold, die Farbtöne von überreifen Orangen, die seidi-

[1] Ciment, S. 192.

gen Stoffe, das Verweben von keltischen und orientalischen Stilen, die exotischen Juwelen – all das regte unsere Fantasie an.« Mehr als tausend Kostüme waren zu entwerfen – und dennoch sollte es kein »typischer Hollywood-Kostümfilm« werden.

Die Rüstungen schmiedete Terry English, der Waffenmeister des Tower of London. »Nur verziert mit Hörnern, Spießen und Dornen, sollten die Rüstungen eine Ursprünglichkeit haben, die nicht vom Geschehen ablenkt«, erläuterte English, der auch Mordreds eindrucksvolle Helmmaske schuf. Sie gab Mordred die »emotionale Wucht eines rächenden Kriegsgottes«. (Nicht umsonst ähnelt sie dem fliegenden Götterkopf aus *Zardoz*.)

Ein Problem waren die Pferde. Denn für die schwierigen Kampfszenen mit all der Irritation von Lärm und Licht waren selbst gut trainierte Turnierpferde ungeeignet. So ließ der für die Pferde zuständige Mick Rowland eigens für die Schlachtszenen zehn argentinische Polo-Ponys einfliegen: »Ich wußte, sie würden richtig reagieren, wenn Schwerter und Lanzen wie Poloschläger über ihren Köpfen fuchtelten.« Für die restlichen Szenen standen weitere 60 Pferde zur Verfügung, zumeist irische Halbblüter.

Gedreht wurde in Irland, sozusagen vor Boormans Haustür: »In Irland – so kann man es ja auch auf jedem Touristenplakat lesen – scheint die Zeit stillzustehen. Und das Licht hat in Irland geradezu magischen Charakter. Dazu kommt eine schier unendliche Variation von unterschiedlichen Landschaften – vom schwarzen Moor zu hügeligen Weiden, Felsen und sonnendurchfluteten Wäldern.«

Hier einige der Locations, an denen Schlüsselszenen gedreht wurden:

– Powerscourt, der traumhaft schöne, hundert Meter hohe Wasserfall, diente als Kulisse für die erste Begegnung von

Arthur und Lanzelot (schon Laurence Olivier drehte hier Aufnahmen für seinen *Henry V*).

- Childers Wood ist einer der wenigen noch verbliebenen Eichenwälder Europas, dessen Bäume zum Teil aus dem Mittelalter stammen. In diesem Wald zieht der junge Arthur das Schwert Excalibur aus dem Stein.
- Wicklow Head, eine wilde Felsenküste über der Irischen See, war Schauplatz der Schlacht um Tintagel.
- Die friedvolle Küste, von der Arthur ins Totenreich segelt, fand sich im County Kerry an der irischen Westküste.

Die Innenaufnahmen von Camelot wollte Boorman ursprünglich in einer noch erhaltenen echten Burg filmen. »Aber alles, was ich mir anschaute, war entweder eine Ruine oder war modernisiert. Und die alten Burgen waren – das habe ich zu meinem Erstaunen bemerkt – eigentlich nichts anderes als langweilige Räume, von dicken Mauern eingefaßt.« Deshalb ließ Boorman sein Camelot in den National Film Studios aufbauen. »Ebenso wie die Kostüme und Rüstungen ist auch Camelot nicht ›historisch exakt‹. Aber uns ging es ja in dem ganzen Film nicht um eine Art historischer Dokumentation, sondern um die Vision eines mythischen Traums.«

Dementsprechend ließ Boorman nahezu keine Szene in natürlichem Tages- oder Nachtlicht drehen. Waldszenen leuchtete Chefkameramann Alex Thomson durch Grünfilter ein, Schlachtszenen tauchte er in Rot. Immer wieder stand die Absicht dahinter, die Szenen »weg von der Realität in traumartige Unwirklichkeiten zu verfremden«.

Boormans Konzept entspreche wohl am ehesten den gängigen optischen Klischeevorstellungen von Mythos, Sage und Märchen, schreibt Hubert Haslberger in seinem Aufsatz *König Artus und sein Reich jenseits der Geschichte*[2].

---

[2] film-dienst Nr. 22 vom 3. November 1981.

Nichtsdestoweniger ist *Excalibur* ein ganz bezaubernder Film – nicht zuletzt deshalb, weil er doch immer wieder festgefahrene ästhetische Topoi dadurch bricht, indem er sie an Effekt und Schönheit einfach übertrifft. Die heikle Gratwanderung zwischen Kunst und Kitsch gelingt ihm mit aufsehenerregender Selbstverständlichkeit. Mit freudiger Erregung entdeckt man da die eigenen verschollenen Märchenfantasien der Kindheit wieder – und am Ende walten da weniger Klischees als Archetypen.

Zum anderen lebt das Ganze auch aus einer geschickten Einvernahme von Vorbildern, ohne daß daraus gleich ein Zitatenfilm würde.

Boorman bedient sich erfrischend ungeniert aus der Bildvorstellung der Malerei des späten 19. Jahrhunderts etwa. Präraffaelitische Dekadenz, mystisch überhöhte Landschaftsbilder, wie in der Nachromantik, überzogene Farbwerte des Symbolismus usw. wechseln ab mit Monumentalkitsch, der hingegen von Frazetta sein könnte, und gehen über in Farbwerte und Kulissendetails, die man von Corman her kennt. Und das alles, auch noch mit Selbstzitaten des Regisseurs aus *Zardoz* und *Deliverance (Beim Sterben ist jeder der erste)* versehen, wird tatsächlich zu einem fesselnden Feuerwerk der Bildeindrücke und Anspielungen.

Boorman ist ein genialer Kompilator, das gilt auch für die Musik. Geschickt benutzt er Motive von Wagner und Orff und unterwirft sie souverän seiner effektsicheren Dramaturgie. Bisweilen freilich ufert das ein wenig aus, so wie auch die Fülle der literarischen Motive in diesem Film gelegentlich ausufert – aber insgesamt rundet sich das doch zu einem mythischen Gesamtkosmos, der zwar weitgehend trivial und oberflächenbetont ist, aber doch ziemlich einzigartig in Spannung, Effekt und atmosphärischer Kraft. *Excalibur* ist ein Meilenstein mythischen Trivialkinos, der die Klischees des

Genres nicht ganz hinter sich läßt, aber kraft seines außerge-wöhnlichen Gestaltungswillens auf einen faszinierenden Nenner bringt.

Was die Besetzung angeht, hat Boorman großenteils auf reine Filmschauspieler verzichtet. Die Disziplin seiner Darsteller verrät ihre Herkunft von der Bühne. Nicht selten handelt es sich um Mitglieder der Royal Shakespeare Company. Die darin liegende Gefahr einer Pseudo-Shakespeare-Vorstellung vermied der Regisseur, indem er die Schauspieler englischen Dialekt sprechen ließ – schottisch, irisch oder walisisch. Und obendrein besetzte er nur, wenn er sicher war, daß ein Dar-steller den ihm zugedachten Part auch seelisch füllte.

Den Arthur spielte Nigel Terry. 1945 in Cornwall geboren, begann Terry am National Youth Theatre in London. Nach Zwischenstationen bei Ensembles in Oxford und Bristol kehrte er nach London zurück, wo er nach einer Reihe von Bühnenerfolgen in die Royal Shakespeare Company aufge-nommen wurde. Die Rolle des Arthur war die schwierigste seiner bisherigen Laufbahn: »Hinterher war ich körperlich und seelisch völlig erschöpft.« Die in jeder Szene aufs äußer-ste verdichtete Atmosphäre forderte von ihm als der hand-lungstragenden Figur besondere Kraft und Intensität, ohne daß seine Darstellung schwülstig oder verkrampft wirken durfte.

Über Helen Mirren, die Darstellerin der Morgana, schrieb ein englischer Kritiker, für eine brave Hausfrau oder eine schmachtende Verliebte sei sie so geeignet wie der Teufel zum Meßdiener. Schon mit 19 spielte sie an Londons renommier-tem Old Vic Theatre die Königin in *Antony and Cleopatra* und machte sich später, wie Nigel Terry, einen Namen als Mitglied der Royal Shakespeare Company.

Mit seinen 1,85 Metern und athletischem Körperbau ist Ni-cholas Clay ein idealer Lanzelot. 1949 in London geboren, war er mit 18 Jahren Eleve der Royal Academy of Dramatic Arts. Wie seine Mitspieler verfügt er über reiche Bühnener-fahrung, ist Vollmitglied des Britischen Nationaltheaters.

Cherie Lunghi, Boormans Guenevere, über die der Kritiker Andrew Sinclair schrieb, sie sei gesegnet mit Anmut und Talent, ist Tochter einer Engländerin und eines Italieners und besuchte die Central School of Speech and Drama in London. Ihre Stationen: die Theater von Newcastle und Nottingham, das Londoner Royal Court Theatre, schließlich die Royal Shakespeare Company.

Paul Geoffrey, Parzifal, fiel Boorman in einer Produktion des British Film Institute auf: *At the Fountainhead.* Nach traditioneller Ausbildung am Drama Centre von London war er auf vielen angesehenen Bühnen zu sehen: im Londoner Haymarket, in Birmingham, am Oxford Playhouse.

Last not least die übermächtige Präsenz Nicol Williamsons als Merlin. Williamson ist eine jener faszinierenden englischen Schauspieler-Persönlichkeiten, die mühelos von Shakespeare zu Cockney, von Pop zu Pathos wechseln können. »Der fantastische Schauspieler Williamson kann völlig gewöhnlich aussehen und plötzlich, einen Augenblick später, ganz außergewöhnlich. Einen Moment lang schaut er aus wie ein handfester schottischer Forscher etwa auf einer Polarexpedition. Dann, ohne Vorwarnung, verwandelt er sich in einen emotional gequälten Mann, der sich vom Teufel besessen glaubt und seltsame dämonische Stimmen hört«, so ein Kritiker über Williamsons Hamlet-Interpretation, mit der dieser 1970 die englische Theaterwelt beeindruckte. Der 1938 in Hamilton, einem schottischen Bergdorf, geborene Williamson spielte an kleinen Theatern, bevor er in London Fuß faßte. Später kamen Erfolge am Broadway und Filmrollen hinzu. Als Merlin steht Williamson natürlich im Mittelpunkt von *Excalibur* (Arbeitstitel: *Merlin; Merlin and the Knights of King Arthur; Merlin lives!*).

Auszüge aus einem Gespräch, das der Verfasser 1981 anläßlich des Kinostarts von *Excalibur* mit Boorman in Hamburg führte:

Sie haben gesagt, »Exalibur« sei der Film, den Sie schon immer machen wollten. Warum?

Aus mehreren Gründen. Als Kind war ich fasziniert und besessen von dieser Geschichte. Als ich älter wurde, hörte ich mehr darüber. Mit dem Film trat ich schließlich selbst in die Fußstapfen der alten Minnesänger, die umherzogen und ihre Geschichten an den Höfen des mittelalterlichen Europa erzählten. Über die Jahrhunderte haben sich verschiedene Maler und Autoren der Geschichte angenommen und sie neu erzählt. Das ist nun auch meine Aufgabe geworden, die Legende weiterzuerzählen, in der Tradition der alten Geschichtenerzähler.

Die zentrale Gestalt in »Excalibur« ist eigentlich nicht König Arthur, sondern der Zauberer Merlin, dessen Magie noch mit der Natur harmoniert.

Genau. Der Zauberer Merlin repräsentiert die natürliche Magie. Freilich sehen wir ihn in der Geschichte als jemanden, der seine Macht verliert. Er ist der letzte Zauberer, er steht am Ende einer Reihe von Druiden und Alchimisten. Der heutige Mensch verliert sein magisches Verhältnis zur Natur und verläßt sich mehr auf seinen Verstand. Eben das ist eine der wesentlichen Aussagen der Legende, daß der Mensch seine magische Beziehung zur Natur einbüßt und eine Richtung einschlägt, die direkt zu unserer gegenwärtigen Technologie und Wissenschaft führt. Aber ohne diese magische Beziehung sind wir unvollkommen. Wir sind der Natur entfremdet, haben etwas Lebenswichtiges verloren. Wir haben zu viel unserer Technologie geopfert. Wie können wir das wiederfinden? Auf keinen Fall gibt es ein Zurück zu der verlorenen Unschuld der Vergangenheit, wir können nicht wieder im Wald leben. Wir müssen also eine eigene Alternative für die Zukunft finden. In der Legende ist das die Suche nach dem Gral, ein Versuch, auf spirituell-transzendentem Weg die Verbindung mit der Magie wiederherzustellen. Davor stehen wir heute. Wenn Menschen versuchen, die verlorene Magie wiederzuentdecken, ist das kein Aberglaube, weil sich das mit der Wissenschaft vereinbaren läßt. Die Wissenschaft wird uns zu einem Verständnis von der Natur der Welt führen, das uns erlaubt, die verlorene Magie wiederzuerlangen.

Merlin hat übrigens sehr viel mit dem Filmemacher gemeinsam. Der Filmemacher spielt mit den Charakteren einer Geschichte, die ihm oft genug entgleiten und Dinge tun, die er von ihnen nicht erwartete. Er muß dieselbe Einstellung zu Geschichte und Personen haben wie Merlin in seiner Legende. Auch der Regisseur braucht gleichsam magische Fähigkeiten, um einen Film zu machen, aber mehr oder minder häufig stellt er fest, daß ihm diese Fähigkeiten fehlen, und davor muß er sich in acht nehmen. Ein wichtiger Zug in Merlins Charakter ist seine Hochstapelei, teils Prophet, teils unlauter, teils ein brillanter, cleverer Mann, teils absolut lächerlich – so würde ich mich auch sehen.

Film ist zwar eine überaus technische Kunstart, aber sie in den Dienst des Mythos zu stellen ist für mich interessant. Ich glaube, daß Film uns der verlorenen Magie wieder nahebringen kann. Weil er so sehr der Idee des Träumens und der Vorstellung von Mythos entspricht, ist Film ein ausgezeichnetes Transportmittel, diese Gedanken zu verbreiten und zu vermitteln. Das gefällt mir.

Konnten Sie sich damals, als Sie »Excalibur« vorbereiteten, vorstellen, daß es zu einem Fantasy-Boom kommen würde, der es dem Publikum ermöglicht, angesichts der Probleme der Gegenwart in die Vergangenheit zu fliehen?

Ja, ich habe schon immer geahnt, daß Fantasy erfolgversprechend ist, und ich habe lange versucht, Fantasy-Themen für das Kino umzusetzen, aber nicht aus dem Grund, den Sie ansprachen. Ich glaube nicht, daß es darum geht, in die Vergangenheit zu fliehen und zu vergessen. Genau das Gegenteil ist der Fall. In einer Zeit der Verunsicherung, in der wir mit Riesenschritten in die Zukunft eilen, sind die Menschen ständigen Veränderungen unterworfen. Wir fühlen uns allein gelassen. Es ist schon eine sehr gesunde Antwort darauf, uns auf unsere Zukunft zu besinnen. Ich meine, wir haben es momentan mit einer interessanten Entwicklung im Kino zu tun: Leute reflektieren auf unterschiedliche Weise ihre Vergangenheit. Es ist Zeit, eine Pause einzulegen und sich zu besinnen, anstatt besinnungslos in die Zukunft zu galoppieren.

Nach Auffassung des amerikanischen Psychologen T. Kaplan fand *Excalibur* nicht zuletzt bei jugendlichen Zuschauern so starken Anklang, weil sie zum erstenmal »ohne großväterlichen Mief Wertvorstellungen erleben, die sie unbewußt ersehnen. In einer Zeit, in der Leben nicht viel mehr heißt als berufliche Karriere, in der Umgang mit anderen Menschen ›cool‹ ist, wirken Begriffe wie Treue, Aufopferung, Güte, Ehre, Leidenschaft wie Offenbarungen.«

Wie überall gab es freilich auch hier Geier, die die Botschaft des Films für ihre Zwecke zu nutzen verstanden. Boorman: »Als *Excalibur* fertig war, ging ich ins Kino, um mir den Film mit Publikum anzusehen. Da lief auch ein Commercial für Heinekenbier. Dieselbe Musik: Wagner. Und aus dem Wasser schnellt eine Hand, nicht mit einem Schwert, dafür mit einer Dose Heinekenbier. Das war eine Woche nachdem mein Film angelaufen war.«

USA/England/Irland 1980–81. *Regie:* John Boorman.
Produktionsgesellschaft: Orion Pictures. *Ausführende Produzenten:* Edgar
F. Gross, Robert A. Eisenstein. *Produzent:* John Boorman. *Mit-Produzent:*
Michael Dryhurst. *Drehbuch:* Rospo Pallenberg, John Boorman. Nach »Le
Morte d'Arthur« von Thomas Malory, bearbeitet von Rospo Pallenberg.
Produktionsentwurf: Anthony Pratt. *Fotografische Leitung:* Alex Thomson,
BSC. Technicolor. *Schnitt:* John Merritt. *Original-Musik und musikalische
Leitung:* Trevor Jones. Kompositionen von Richard Wagner und Carl Orff.
Produktionsleitung: Jack Phelan. *Aufnahmeleitung:* Kevin Moriarty. *Regie
2. Aufnahmestab:* Peter MacDonald. *Regieassistenz:* Barry Blackmore, Ted
Morley, Andrew Montgomery, Robert Dwyer-Joyce, David Murphy, John
Lawlor. *Art Director:* Tim Hutchinson. *Dekoration:* Bryan Graves. *Szenen-
maler:* Mervyn Rowe. *Kostüme:* Bob Ringwood. *Garderobe:* Daryl Bristow,
Janet O'Leary. *Kameraführung:* Bob Smith. *Fotografische Effekte:* Oxford
Scientific Films. *Optische Effekte:* Wally Veevers. *Spezialeffekte:* Peter Hut-
chinson, Alan Whibley, Gerry Johnstone, Michael Doyle. *Modelle:* An-
thony Freeman. *Choreographie:* Anthony Van Laast. *Maskenbildner:* Basil
Newall, Anna Dryhurst. *Kampfszenen:* William Hobbs. *Waffen:* Peter
Leicht, Steve Tidiman, Nick Fitzpatrick. *Rüstungen:* Terry English.
Schmuck: Liberty's. *Tonschnitt:* Ron Davis. *Tonaufnahme:* Doug Turner,
Tom Curran. *Musikaufnahme:* John Richard, Richard Lewzey. *Tonüber-
spielung:* Delta Sound. *Creative Consultant:* Neil Jordan. *Produktionsassi-
stenz:* Beryl Harvey, Marie McFerran. *Stunts:* Ken Byrne, Dominic Hewitt,
Paul Kelly, Chris King, James MacHale, Ed McShortall, Donal O'Farrell,
Bernard O'Hare, Peter Spelman, Alan Walsh. *Reiter:* Michael Rowland
(Überwachung), Philip Bernon, Richard Collins, Seamus Collins, Joe Cul-
len, Daithi Curren, Tony Doyle, Donal Fortune, David Gavaghan, Eddie
Kennedy, Bronco McLaughlin, Michael O'Farrell, Ray O'Toole. *Titel/Op-
ticals:* General Screen Enterprises.
Darsteller: Nigel Terry (König Arthur), Helen Mirren (Morgana), Nicholas
Clay (Lanzelot), Cherie Lunghi (Guenevere), Paul Geoffrey (Parzifal), Ni-
col Williamson (Merlin), Robert Addie (Mordred), Gabriel Byrne (Uther
Pendragon), Keith Buckley (Uryens), Katrine Boorman (Igrayne), Liam
Neeson (Gawain), Corin Redgrave (Herzog von Cornwall), Niall O'Brien
(Kay), Patrick Stewart (Leondegrance), Clive Swift (Ector), Ciarin Hinds
(Lot), Liam O'Calloghan (Sadok), Michael Muldoon (Astamor), Charley
Boorman (Mordred als Knabe), Mannix Flynn (Mordreds Adjutant), Garrett
Keogh (Mador), Emmet Bergin (Ulfius), Barbara Byrne (Morgana als Kind),
Brid Brennan (Kammerfrau), Kay McLaren (Morgana als Greisin), Eammon
Kelly (Abt).
Laufzeit: 140 Minuten.

Der Smaragdwald

(The Emerald Forest)

Am Schluß meines *Excalibur*-Interviews wollte ich natürlich von Boorman wissen, was sein nächster Film sein würde. Zur Zeit schreibe er einen Fantasy-Film über das Ende der Welt. – »Die Menschen haben ihre Vergangenheit vergessen, und indem sie vergessen, verschwinden sie. In dieser Situation entdeckt ein alter Zauberkünstler vom Schlage Merlins, wie man Dinge verschwinden lassen kann. Er versetzt Objekte und schließlich Menschen an andere Orte. Es ist die Geschichte von einer Parallelwelt. Durch pure Willenskraft sind wir imstande, eine andere Welt zu erfinden, in der wir wirklich leben können. Darin liegt vielleicht in Zukunft unsere Rettung.«

Später erfuhr ich, daß dem Stoff Daniel Odiers *Les Voyages de John O'Flaherty* zugrunde lag und daß Boorman das Drehbuch, unter dem Titel *Broken Dream*, zusammen mit dem irischen Autor Neil Jordan verfaßt hatte. Jordan war Creative Consultant bei *Excalibur* und lieferte später sein Regiedebüt unter Boormans Produktion: *Angel (Angel – Straße ohne Ende)*, die Geschichte eines jungen Saxophonisten, der Zeuge zweier Morde wird und die Mörder aufspürt, um die Ursachen für die Gewalttaten zu erfahren und die Täter hinzurichten.

Einen anderen Stoff, die schwarze Komödie *The Double*, in der das Leben eines Mannes von einem Doppelgänger absorbiert wird, bereitete Boorman 1982 mit Robert Garland, einem Mitarbeiter Sydney Pollaks, vor. Dieses Projekt stellte die Frage nach menschlicher Identität in einer Welt, in der die Menschen mit jedem Tag uniformer werden. Ein reizvolles Sujet für einen Vater von Zwillingen, der Boorman ist.

Aber weder *The Double* noch *Broken Dream* konnte Boorman bislang realisieren. Für *The Double* konnte er immerhin Bob Shapiro von Warner Bros. interessieren, aber bei *Broken Dream* winkten gleich alle Hollywood-Riesen ab: Die Geschichte sei zu verwirrend.

Realisiert werden sollte dagegen ein Stoff, auf den Rospo Pallenberg den Regisseur schon einmal, zehn Jahre zuvor, aufmerksam gemacht hatte. Er ging zurück auf einen Artikel von Leonard Greenwood, der am 8. Oktober 1972 unter der Überschrift *Long Hunt for Son Ends in Success, But———* in der *Los Angeles Times* erschienen war. Greenwood berichtete von der Entführung eines Jungen namens Ezequiel durch Amazonas-Indianer. Das Kind war von den Indianern verschleppt worden, nachdem sie das Haus seiner Familie in der Nähe des Javari-Mirim-Flusses überfallen hatten. Während der folgenden Jahre drang der Vater des Jungen, ein peruanischer Ingenieur, der mit dem Abholzen von Regenwäldern in Brasilien beschäftigt war, immer weiter in den Amazonas-Dschungel vor, in der Hoffnung, Menschen zu finden, die seinem Sohn begegnet waren. Endlich erfuhr er, daß der kriegerische Stamm der Mayurunas zum Zeitpunkt der Entführung mehrere Überfälle verübt hatte. Da er sich durch gefährliches Sumpfgebiet und dichtesten Urwald schlagen mußte, kam der Vater täglich nicht mehr als ein paar hundert Meter vorwärts, erreichte aber schließlich doch einen Außenposten der Mayurunas. Er forderte die Wachposten auf, ihn zu ihrem Häuptling zu bringen. »Als dieser auf ihn zukam, fiel dem Vater auf, daß er ungewöhnlich groß war und anders aussah, als die übrigen Stammesmitglieder. Er sprach ihn in einem indianischen Dialekt an, und der Häuptling antwortete in schlechtem Spanisch. Da begriff der Vater, daß es sich bei dem jungen Mann, mit dem er redete, um seinen eigenen Sohn handelte...« (Greenwood) Mehr als zehn Jahre waren seit der Entführung vergangen. Der junge Häuptling, der inzwischen die Indianer als sein Volk ansah, weigerte sich, seinen Stamm zu verlassen. Und der Ingenieur trat den Heimweg an, überzeugt, seinen Sohn niemals wiederzusehen.

Boorman: »Was mich an dieser wahren Geschichte besonders faszinierte, war die Tatsache, daß er ihn fand, sich dann aber entschloß, ihn doch bei den Indianern zu lassen. Da ich selbst Kinder habe, die dabei sind, erwachsen zu werden, weiß ich, was es heißt, sich von seinen Kindern zu trennen; das müssen Eltern nun einmal tun, wenn ihre Kinder groß sind. Es schien mir also auch eine Geschichte auf dieser menschlichen Ebene zu sein, eine Geschichte über die Abnabelung zwischen Eltern und Kindern und darüber, wie man so etwas schafft. Ich habe mich gefragt, was ich an der Stelle dieses Mannes getan hätte: Hätte ich überhaupt so lange gesucht? Und wenn ich ihn gefunden hätte, hätte ich den Mut gehabt, ihn bei diesem Volk zurückzulassen? Was also passierte, war, daß der Vater sich entschloß, ohne seinen Sohn wieder zurückzukehren, und daß der Stamm, mit dem der Junge lebte, von einem anderen Stamm, der Gewehre hatte, bedrängt wurde. Der Vater hatte ein Jagdgewehr bei sich gehabt, und dadurch lernten die Indianer die Wirksamkeit dieser Waffe kennen. Als sie nun von diesem feindlichen Stamm angegriffen wurden, faßte der Junge den Entschluß, der Spur seines Vaters bis in die Stadt zu folgen und ihn um Hilfe zu bitten. Also machte er sich auf den Weg in die Stadt und fand seinen Vater. Es gab in dem Fall noch einen älteren Bruder, und gemeinsam zog man zurück in den Dschungel, um dem Stamm zu helfen, sich gegen seine Nachbarn zu wehren. Vater und Bruder ließen noch Waffen zurück und kehrten dann wieder nach Hause zurück. So verlief die tatsächliche Geschichte, auf der unser Film basiert. Als wir dann mit der Arbeit am Drehbuch begannen, stellten wir Nachforschungen an und stellten fest, daß es zahlreiche ähnliche Fälle gibt, und je mehr wir recherchierten, um so seltsamer erschien uns dies.

Tatsächlich wurde erst vor einem Jahr aus einer neuen Siedlung im Amazonas-Gebiet ein Kind im gleichen Alter wie unseres im Film, sieben Jahre alt, von Indianern entführt, und das Amt für indianische Angelegenheiten stellte eine Expedition zusammen, um nach dem Kind zu suchen. Adrian Cow, der renommierte englische Dokumentarfilmer, hat über diese Expedition seinen Film *The Decade of Destruction* gedreht. Die Amazonas-Indianer entführen diese Kinder aus einer ganzen Reihe von Gründen. Das häufigste Motiv ist, daß ein Mann, dessen Kind gestorben ist, sich auf die Suche nach einem neuen Kind gleichen Alters macht, um seine Frau zu trösten. Üblicherweise geht er einfach zu einem anderen Stamm und raubt ein Kind. Aber von Zeit zu Zeit wagen sie sich eben auch in Siedlungen der Weißen und entführen ein Kind zu diesem Zweck. Sich von anders woher Kinder zu besorgen, dient eindeutig auch dazu, den Stamm mit neuem Blut, mit frischer Erbmasse zu versorgen. Deshalb werden auch nicht nur Kinder entführt, sondern auch Frauen. Diese Stämme sind meistens ziemlich klein, sie zählen so zwischen 80 und 120 Mitgliedern. Von daher liegen die Probleme, das Blut frisch zu halten, auf der Hand.«

Nicht zuletzt ging es Boorman darum, die der Geschichte innewohnende mythologische Qualität herauszuarbeiten: »Wenn eine Geschichte eine nachhaltige Wirkung erzielen soll, muß sie eine mythologische Dimension besitzen. Unsere Erzählung muß Punkt für Punkt wahrheitsgetreu sein, aber ihr Gewicht wird davon abhängen, inwieweit wir es schaffen, darin unser verschüttetes Stammesbewußtsein wachzurufen – diese Vergangenheit, die wir hinter uns gelassen haben, ohne uns auch nur einmal nach ihr umzudrehen. Hier in wenigen Worten, worum es in unserem Film geht: Der *Smaragdwald (Emerald Forest* – so der Titel des Films) wird durch den Bau eines gigantischen Staudamms bedroht. Zwei Stämme, die ›Unsichtbaren‹ und die ›Wilden‹, werden dadurch aus ihren

Der Smaragdwald: Ausflug in die Traumzeit einer anderen Welt
(Neue Constantin)

Gebieten vertrieben und sind gezwungen, sich zu bekriegen. Die tragischen Ereignisse, die das Leben des Ingenieurs und seines Sohnes markieren, führen zu einer Gegenüberstellung: auf der einen Seite ein Leben in Einklang mit der Natur, auf der anderen Seite die Ausbeutung eben dieser Natur.«

Es sind die ›Unsichtbaren‹, Indianer, die, dank spezieller Tarnfarben, harmonisch mit der Umwelt des Regenwaldes verschmelzen, die im Film den siebenjährigen Tommy entführen, Sohn des amerikanischen Ingenieurs Bill Markham, der den Bau eines gigantischen Staudamms für ein Wasserkraftwerk überwacht, dessentwegen der Regenwald abgeholzt wird. Boorman: »Der Vater steht eindeutig für unser Bestreben, uns die Natur zu unterwerfen, sie zu kontrollieren, sie zu erobern. Die Lebensweise der Indianer dagegen ist gekennzeichnet von einer Verbundenheit mit ihrem Lebensraum, die uns schon lange fremd ist.«

Zehn Jahre später. Bill Markham ist immer noch auf der Suche nach Tommy. Zahllose Expeditionen hat er auf die Beine gestellt, bei Dutzenden von Stämmen ist er gewesen. Aus ihm ist ein Fachmann für indianische Kultur geworden. Er ist Flußläufen gefolgt, hat Täler durchkämmt. Vergeblich. Seine Entschlossenheit, dennoch nicht aufzugeben, hat ihn berühmt gemacht, und eines Tages schließt sich ihm bei einer seiner Expeditionen in den Dschungel ein Fotograf namens Werner an. Es sieht ganz so aus, als habe Bill diesmal endlich Glück: Ein Pater beschreibt ihm den Weg in das Gebiet der ›Unsichtbaren‹.

Zur gleichen Zeit bahnen sich einige der ›Unsichtbaren‹ einen Weg durch den Urwald. Angeführt werden sie von ihrem Schamanen Wanadi. An seiner Seite ist ein Junge von 17 Jahren, den er in die Geheimnisse der Jagd einweiht. Aufmerksam lauscht der Jüngling den Worten Wanadis, so wie sich ein Sohn die Worte seines Vaters einzuprägen sucht. Aber dieser Junge unterscheidet sich von seinen indianischen Altersgenossen: Zwar denkt, handelt, läuft, jagt und schwimmt er so wie diese, doch seine helle Haut und das blonde Haar verraten seine Herkunft – aus Tommy, dem Nordamerikaner, ist Tomme vom Stamme der ›Unsichtbaren‹ geworden.

Nach seiner Initiationsfeier will Tomme, um die Hand der schönen Kachiri zu gewinnen, aus dem Gebiet der mit den ›Unsichtbaren‹ verfeindeten ›Wilden‹ die heiligen Steine holen, aus denen sein Volk die Tarnfarbe gewinnt. Unterdessen sind Markham und Werner eben diesen ›Wilden‹ in die Hände gefallen. Werner wird auf der Stelle getötet. Markham kann trotz einer Speerverletzung fliehen, aber seine Verfolger sind ihm dicht auf den Fersen. An einem Wasserfall stößt er auf Tomme, der gerade dabei ist, die magischen Steine zu sammeln. Der junge Mann erkennt in Bill seinen »Vater aus den Träumen«. Er deckt seinen Rückzug und bringt den Verletzten ins Dorf der ›Unsichtbaren‹, wo Wanadi seine Wunde versorgt.

Als Bill wieder gesund ist, will er Tomme zurück in die Stadt nehmen. Aber Tomme hat im Kreis der Indianer eine Familie gefunden, eine Heimat, eine Identität, eine Gefährtin und einen Status. Von seiner Muttersprache und seinem früheren Leben sind ihm nur noch Bruchstücke und Erinnerungsfetzen geblieben, die sich mit seinen Träumen und Visionen vermischt haben. Schon vor langer Zeit hat er sich mit dem Gedanken abgefunden, zwei Väter zu besitzen, und er verspürt nicht den leisesten Wunsch, die ›Welt der Toten‹, die hinter dem *Smaragdwald* beginnt, jemals wieder zu betreten. So kehrt Bill allein in die Sterilität der Zivilisation zurück.

Die ›Unsichtbaren‹, die Markham bis an den Rand des Urwalds begleitet haben, finden, als sie zurückkehren, ihr Dorf niedergebrannt. Die ›Wilden‹, von weißen Geschäftemachern korrumpiert und mit Schußwaffen ausgerüstet, haben die alten Leute und Kinder des Stammes getötet und die Frauen entführt, um sie den Weißen als Prostituierte zu verkaufen.

Wanadi und seine Krieger versuchen einen Gegenangriff, sind aber gegen die automatischen Gewehre ihrer Feinde machtlos und müssen sich wieder zurückziehen. Tödlich verwundet, überträgt Wanadi seinem Pflegesohn Tomme die Führung des Stammes.

Um das Überleben des Stammes zu sichern und sich geeignete Waffen zu besorgen, faßt Tomme den Entschluß, seinen Vater aus den Träumen in der ›Welt der Toten‹ aufzusuchen und ihn um Hilfe zu bitten. So folgt er dem ›Fluß ohne Wasser‹, der den Dschungel durchschneidet – der langen Trasse, deren Rand verkohlte Bäume säumen und die ihn in Richtung der Großstadt führt. Nur mit einem Lendenschurz bekleidet, schleicht er durch die Slums der Vorstadt. Steigt, in Trance, hoch über die Dächer in den Himmel. Erkennt in einem Hochhaus den Turm seiner Kindheit wieder. Erklimmt diesen Turm und steht wenig später vor seinen Eltern, die nicht mehr gehofft hatten, ihren verlorenen Sohn jemals wiederzusehen.

Bill begleitet Tomme zurück in das Dickicht des Waldes, und gemeinsam befreien sie Kachiri und die anderen Frauen des Stammes aus einem Bordell am Rande des Regenwalds. Die alkoholisierten ›Wilden‹ sterben im Kugelhagel. Um die Sicherheit seines Sohnes und des Stammes der ›Unsichtbaren‹ zu gewährleisten, will Markham dem Vorrücken der Zivilisation Einhalt gebieten, indem er den Staudamm, den er gebaut hat, in die Luft jagt. Aber was mit Sprengstoff nicht gelingt, das glückt Tomme durch Beschwörung eines indianischen Zaubers. Wieder in Trance läßt er sich in den Himmel tragen, von wo aus er Abertausende von Fröschen mobilisiert, deren Quaken sintflutartige Regenfälle hervorruft. Und der Staudamm, der diesen Wassermassen nicht standhalten kann, bricht donnernd in sich zusammen.

Zuerst einmal ist *Der Smaragdwald* ein sehr persönliches Plädoyer für den Erhalt der letzten Wälder, für die friedliche

Koexistenz von Mensch und Natur, die mehr und mehr auseinanderdriften – obwohl Boorman sehr wohl weiß, daß es dafür fast schon zu spät ist (und daß der von ihm gesetzte magische Schlußpunkt pure Illusion ist: die berstenden Mauern sind die eines von Filmtechnikern errichteten Modellstaudamms).

Die Grüne Hölle, wie die Eingeborenen den riesigen Amazonas-Urwald nennen, entwickelt sich zu einem verlorenen Paradies. Neueren Prognosen zufolge wird Amazonien schon um die Jahrhundertwende vom letzten Baum »befreit« sein, sollte der Raubbau in dem tropischen Tausend-Strom-Land Brasilien in diesem Tempo weitergehen. Jede Woche werden Waldgebiete von der doppelten Größe Luxemburgs vernichtet. Amazonia Legal, der größte der Estados Unidos do Brasil, verwandelt sich unaufhaltsam in ein gigantisches Industrie- und Viehzuchtgebiet. Begonnen hat dieser generalstabsmäßige Vernichtungsprozeß einer jahrhundertelang kaum berührten Natur Mitte der sechziger Jahre, als die regierenden Generäle Brasiliens dem unerschlossenen Norden den Kolonisationskrieg erklärten. Nach der spanischen Eroberung im 16. Jahrhundert, die, technisch auf niedrigem Niveau, nur vereinzelte Kulturschäden angerichtet hatte, bahnte sich nun eine zweite, auf einer zerstörerischen Großtechnik beruhende Vernichtung von Pflanzen und Tieren bis hin zu den Menschen und ihren Kulturen an. Trotz der Warnungen von Ökologen werden seit zwei Jahrzehnten Wälder systematisch niedergebrannt und gerodet, Straßen in den Wald geschlagen, neue Städte aus dem Boden gestampft. Alle Versuche, auf dem solcherart gerodeten Amazonas-Gelände intensiven Ackerbau zu betreiben, sind allerdings an einer simplen Tatsache gescheitert: Der unfruchtbare Boden läßt nur kurzfristige Nutzung zu. Die verheerende Folge: noch extensiverer Raubbau am Tropenwald. Größeren Profit verspricht dagegen die Viehzucht, und so wird Rinderland erschlossen, das für einzelne Großfarmen die Dimension einer Fläche der zehnfachen Größe des Bodensees einnimmt. Rinderfarmen am Amazonas werden zum größten Teil von ausländischen Investoren betrieben, für die das Unternehmen in doppelter Hinsicht lukrativ ist: Bevor man die Waldflächen rodet und abbrennt, werden gewinnbringende Edelhölzer aus dem Wald geschlagen und ins Ausland verschifft. Danach bevölkern riesige Rinderherden das gewonnene Weideland – wandelndes Billigfleisch, das wiederum nur den reichen Ländern zugute kommt. Die ökologischen Dauerfolgen dieses kurzfristigen Geschäfts sind überall schon abzusehen: Die Hochwassermarken stiegen am Oberlauf des Amazonas gegenüber den sechziger Jahren um volle zwei Meter; mit dem Wald verschwindet der große Wasserverdunster, d. h., Niederschläge fließen, anstatt zu verdunsten, direkt ins Erdreich und führen zu verheerenden Erosionen; die Gesamtwassermenge nimmt zusehends ab, erodiertes Erdreich verschlammt die Flüsse und Staubecken usw. – die Kette an Nebenfolgen ist kaum noch überschaubar.

Ein Plädoyer ist *Der Smaragdwald* aber auch für die gleichfalls vom Untergang bedrohten Indianerstämme. Am Ende des Films steht für Boorman die Hoffnung, der Wunsch, »daß diesem Volk noch etwas Zeit vergönnt sein möge. Das kommt auch in der Abschiedsszene zwischen Markham und seinem Sohn zum Ausdruck. Was Markham macht, ist nichts anderes, als für dieses Volk ein bißchen Zeit herauszuschinden, aber das Ausmaß, in dem die Regenwälder zerstört sind, und die Art und Weise, wie das ›Wilde Volk‹ bereits mit billigem Schmuck und Feuerwaffen korrumpiert ist, machen klar, daß diese Art der Existenz keine Chance hat, noch eine Generation zu überleben. Zumindest trifft dies für Brasilien zu.« In den Wäldern des Amazonas hat es, gemessen an der Weite des Landes, nie sehr viele Indianer gegeben, im Verlauf der letzten 1500 Jahre – dem Zeitraum, in dem sie nachweislich dort gelebt haben – vermutlich nie mehr als sechs Millionen. Heute schätzt man ihre Zahl zwischen 100000 und 200000. Gemessen an der Gesamtbevölkerung Brasiliens macht diese Bevölkerungsgruppe nur noch ein Prozent aus.

Daß Boorman in seinen Filmen nicht nur ihn persönlich berührende Themen verarbeitet, sondern auch voll seine eigene Person einbringt – etwa seine Rolle als Vater (von vier Kindern) –, zeigt sich in der Besetzung: Den Tomme spielt sein Sohn Charley. Charley Boorman, 1966 im Londoner Vorort Wimbledon geboren, stand erstmals mit sechs Jahren vor der Kamera: In *Beim Sterben ist jeder der erste* spielte er Jon Voights Sohn. Zwei Jahre später hatte er eine kleine Rolle in *Zardoz*. In *Excalibur* war er der Knabe Mordred. Und in Arnaud Sélignacs futuristischem Fantasy-Film *Dream One*, den sein Vater 1984 in Paris produziert hat, ist er in einer der beiden Hauptrollen zu sehen – als verrückter junger Engländer.

Boorman: »Zuerst wollte ich gar nicht, daß Charley diese Rolle (Tomme) übernimmt, diesen Film mit mir macht. Aber dann habe ich gesucht und gesucht, um jemanden für diesen Part zu finden. Eine der Schwierigkeiten war, von einem siebzehnjährigen Jungen zu verlangen, sich für sieben oder acht Monate in den Regenwäldern zu verkriechen und eine Rolle dieser Größe zu spielen. Beispielsweise braucht man eine ganz schöne Hornhaut unter den Fußsohlen, um barfuß durch den Urwald laufen zu können. Und bei Charley wußte ich eben, daß er psychisch und physisch in der Lage sein würde, diese Strapazen auszuhalten, weil er sein Leben lang harte Touren unternommen hat, auf Berggipfel geklettert ist und sogar schon im afrikanischen Busch war. Er brachte für ein solches Unternehmen also die notwendige Erfahrung mit. Und natürlich gibt es viele Parallelen zwischen dem, was im Film zwischen Tomme und Markham passiert, und dem, was Charley und ich nun erleben: Die Dreharbeiten selbst oder

Vater und Sohn (Powers Boothe und Charley Boorman) –
das Heldenpaar in *Der Smaragdwald* (Neue Constantin)

die Tatsache, daß er diese Aufgabe bewältigt hat, haben ihn selbständiger, unabhängiger gemacht, und wenn ich ihn anfangs noch als Kind behandelt habe, sehe ich ihn jetzt als Kameraden, als Erwachsenen. Ich glaube, der Film hat von dieser Parallele profitiert, aber auch unser Verhältnis.«

Tomme ist natürlich niemand anders als der junge Arthur, mit einem Schuß Parzifal vielleicht. Einmal mehr spielt Boorman mit Personen und Motiven der Artuslegende. Der Schamane Wanadi übernimmt die Rolle von Merlin, dem Zauberer. Die heiligen Steine erinnern entfernt an den Gral. Der Kampf gegen die ›Wilden‹ ist wie die Schlacht gegen Mordred.

Selbstredend war *Der Smaragdwald* für Boorman auch ein Beweis persönlicher Ausdauer und Energie. Gegen die Kurzstreckenläufer der Television und kurzfilmende Commercialfabrikanten setzt er filmischen Langstreckenlauf: »Wer 400 Meter läuft, läuft noch lange nicht Marathon. Leute, die zwei oder drei Tage an einem Werbefilm arbeiten, verlieren die Fähigkeit, den Marathonlauf eines langen Films durchzustehen. Sechs Monate im Dschungel wie beim *Smaragdwald* – das halten die doch gar nicht durch.«

Zu den sechs Monaten Dreharbeiten in Brasilien (am 17. Januar 1984, einen Tag vor seinem 51. Geburtstag, trifft Boorman in Brasilien ein, am 13. März fällt die erste Klappe, am 9. Juli kehrt er nach Irland zurück) kamen natürlich noch zweieinhalb nicht minder strapaziöse Jahre für Vorbereitung, Recherche und Postproduction. Suche nach Geldgebern (»Das größte Problem war, die Geldquellen nicht versiegen zu lassen«) ebenso wie ein Besuch bei den Kamaira, einem Volk am oberen Xingu-Fluß, das kaum mit der Zivilisation in Berührung gekommen war. Bei dieser Gelegenheit fragte Takuma, der Schamane der Kamaira, dem Boorman sein unter dem Titel *Money into Light* veröffentlichtes Drehtagebuch gewidmet hat, den Regisseur, was er im Leben mache. – »Das jemandem zu erklären, der nie einen Film oder eine Fernsehsendung gesehen hat, ist nicht leicht. Also habe ich ihm geschildert, wie wir eine Szene realisieren und dann die nächste, um zum Schluß eine Kette von Illusionen zu erzeugen. ›Stell es dir vor wie einen Traum‹, habe ich ihm gesagt. Da begriff er und antwortete: ›Dann haben wir also den gleichen Beruf…‹«

The Emerald Forest (Der Smaragdwald)

USA/England/Brasilien 1984–85. *Regie:* John Boorman. *Produktionsgesellschaft:* Embassy Pictures. *Ausführender Produzent:* Edgar F. Gross. *Produzent:* John Boorman. *Mit-Produzent:* Michael Dryhurst. *Drehbuch:* Rospo Pallenberg (unter Mitarbeit von John Boorman). *Fotografische Leitung:* Philippe Rousselot. Eastmancolor durch Technicolor Ltd., London. Aufgenommen in Panavision. *Schnitt:* Ian Crafford. *Musik:* Junior Homrich, Brian Gascoigne. *Produktionsleitung:* Judith Bunn. *Besetzung:* Melissa Skoff (USA), Flavio L. Tambellini (Brasilien). *Herstellungsleitung:* Andrew Montgomery. *Aufnahmeleitung:* Gerry Levi. *Kamera 2. Aufnahmestab:* Lucio Kodato. *1. Regieassistenz:* Barry Langley. *Regieassistenz:* Michael Higgins, Jerry Daly, Jaime Schwartz, Edson Mendonca. *Art Director:* Simon Holland. *Ausstattungsassistenz:* Marcos Flaksman. *Innenausstattung:* Ian Whittacker, Monica Castro. *Ausstattung (Modelle):* Terry Pritchard. *Dekorationsassistenz:* Paulo Flaksman, Anna-Marie Schlee, Elizabeth Kozlowski, Paulo Dubois. *Choreographie:* José Possi. *Kostüme:* Christel Boorman, Clovis Bueno. *Garderobe:* Solange Magerowski. *Garderobenassistenz:* Umbellini Therezina, Benedicto Ramos, Francisca Andrade. *Kameraführung:* Gale Tattersall. *Kameraassistenz:* Peter Robinson, Les Bosher, Steve Burgess, Danny Mindel. *Oberbeleuchter:* Jean-Pierre Boronsky. *Modellaufnahmen (Staudamm):* Phil Stokes. *Spezialeffekte:* Raph Salis. *Spezialeffekte-Assistenz:* Philippe Houeix, Dominique Alaphilippe, Gilles Daburon, Telmo Maia. *Waffenmeister:* Carl Schmidt. *Waffen:* Baptys & Co., London. *Travelling Matte Beratung (Blue Screen):* Dennis Bartlett. *Maskenbildner:* Peter Frampton. *Maskenassistenz:* Anna Dryhurst, Luis Michelotti, Paul Engelen, Beth Presares. *Frisuren:* Jaime Rodriguez Oliveira. *Script:* Pat Rambaud. *Baubühne:* Dennis Lewis. *Chef-Requisiteur:* Barry Wilkinson. *Video-Beratung:* Ian Kelly. *Tonschnitt:* Ron Davis. Dolby Sound. *Tonaufnahme:* Doug Turner. *Tonassistenz:* James Perry, Graham Neider. *Mischung:* Gerry Humphreys. *Dialogschnitt:* Paul Smith. *Musikberatung:* John Merritt. *Schnittassistenz:* Pat Brennan, Paula Connor, David Hitchcock, Simon Levy,

Harry Booth. *Tonstudio:* Twickenham Film Studios Ltd. *Musikstudio:* The Music Centre. *Geräuschaufnahme:* Delta Sound. *Licht:* Transpalux, Paris. *Tiere:* Jungle Exotics (Peter Tors). *Dressuren:* Joe Camp. *Adler-Betreuung:* Etienne Garde, Pierre Cadiac. *Stunts:* Marc Boyle. *Produktionsassistenz:* Caito Martins, Bia Castro, Heron Alencar, Oscar Veliz. *Produktionssekretariat:* Kelly Howard-Garde. *Kontakte:* Norma Paulsen. *Buchhaltung:* Kevin O'Driscoll. *Dialogue Coach:* Peter Marinker. *Konditionstrainer:* Dreas Reyneke. *Fachberatung:* Prof. Dr. Charles F. Bennett, Dr. Eduardo Vivairos de Castro, Dr. Ernesto Marres Da Serra Friere, Maureen Bisilliat, Carlindo Milhomen. *Krudd Art:* Muscle Films.

Darsteller: Powers Boothe (Bill Markham), Meg Foster (Jean Markham), William Rodriguez (Tommy als Kind), Yara Vaneau (Heather als Kind), Charley Boorman (Tomme), Estee Chandler (Heather), Dira Paes (Kachiri), Eduardo Conde (Uwe Werner), Ariel Coelho (Pater Leduc), Peter Marinker (Perreira), Mario Borges (Costa), Atilia Iorio (Händler), Gabriel Archanjo (Gehilfe des Händlers), Gracindo Junior (Carlos), Arthur Muhlenberg (Rico), Chico Terto (Paulo), *Das unsichtbare Volk:* Rui Polonah (Wanadi, der Häuptling), Maria Helena Velasco (Uluru, eine seiner Frauen), Tetchie Agbayani (Gaya), Paulo Vinicius (Mapi), Aloisio Flores (Samanpo), Joao Mauricio Carvalho (Monkey), Isabel Bicudo, Patricia Frisco (Kachiris Cousinen), Silvana de Faria (Pequi), Alexandre Fontez, Antonio Japones, Candido Silveira, Diocelio Nascimento, Fabio Da Silveira, Fernando Pires, Haroldo da Silva Pampolha, Itakati Croaia (Krieger), Ana Lucia Dos Reis, Elidia Moraes, Elisette Costa Oliveira, Ivana Barbosa Freitas, Jurema Carvalho, Walkiria de Freitas (Frauen des Stammes), *Das wilde Volk:* Claudio Moreno (Jacareh, der Häuptling), Antonio Rodriguez Neto, Coluene Kodwel, Denilto Gomes, Fernando Pires, Guto Macedo, Iran Magalha Magalhaes, Jandir Carvalho Leite, José Maria Carvalho (Krieger).

Laufzeit: 113 Minuten.

Hoffnung und Ruhm
(Hope and Glory)

Hoffnung und Ruhm ist so etwas wie Boormans Antwort auf das monumentale Filmwerk *Heimat* von Edgar Reitz, das ihm, wie er betont, sehr viel gegeben habe. Mit *Hoffnung und Ruhm* kehrt er zurück in den Londoner Vorort seiner Kindheit. Es ist die Zeit der Luftschlacht um England.

Er selbst charakterisiert diesen Film als »einfache Geschichte einer Familie, die aber auch von Klassenstruktur handelt, von der neuen Mittelklasse, die sich während der dreißiger Jahre entwickelt hatte. Und es ist die Geschichte eines Krieges, wie ich ihn als Kind erlebt habe – eine Zeit zwischen großer Aufregung und Vergnügen. Jedesmal, wenn es Fliegeralarm gab, hatten wir schulfrei, und nachts gab es immer das pyrotechnische Schauspiel der Flak, Flakscheinwerfer und Sperrballone. Man konnte lange aufbleiben und bis Mitternacht Radio hören. Die Erwachsenen benahmen sich ziemlich seltsam und machten alle verrückt. Es war eine magische, großartige Zeit mit nur beiläufigen Momenten von Terror – und das ist es, was ich hier nachvollziehen will.«

Dennoch: *Hoffnung und Ruhm* ist kein Kriegsfilm – obwohl er vor dem Hintergrund des Bombenkriegs spielt. *Hoffnung und Ruhm* ist keine Familienchronik – obwohl er das Schicksal einer Familie zu jener Zeit beleuchtet. *Hoffnung und Ruhm* ist kein Kinderfilm – obwohl Bill, wie John im Film heißt, ein Kind ist (die Rolle wurde nach intensivem Suchen dem neunjährigen Filmneuling Sebastian Rice-Edwards gegeben). *Hoffnung und Ruhm* ist kein Spiegelbild einer Straße – obwohl ein Großteil des Films in der von Doppelhäusern flankierten Rosehill Avenue in einem Londoner Vorort spielt.

Es ist auch kaum möglich, eine gewöhnliche Synopsis zu schreiben, denn *Hoffnung und Ruhm* ist ein Mosaik von Begebenheiten. Die Faszination, die Magie dieses Films besteht darin, daß er von *wirklichen* Menschen handelt, ganz im Gegensatz zu den meisten amerikanischen Filmen mit ihren standardisierten Teenagergesichtern, die sich niemand merken mag.

Einmal mehr zeigt sich Boorman nicht nur als virtuoser Filmgestalter, sondern auch als einfühlsamer Schauspielerregisseur. Sarah Miles, die Hauptdarstellerin, konnte sich hundertprozentig auf ihn verlassen. Die durch Filme wie *Blow up* und *Ryans Tochter* bekannte Schauspielerin wechselte mit *Hoffnung und Ruhm* in ein älteres Rollenfach. Sie ist Grace Rohan, Mutter zweier kleiner Kinder (Bill und Sue) und einer heranwachsenden Tochter (Dawn).

Szenen und Dialoge:

Im Radio verliest Chamberlain die Kriegserklärung. Grace ist besorgt: »Dawn, Darling. Sie haben wieder einen Krieg angefangen.« Dawn, gedankenlos: »Interessiert mich nicht! Wo sind meine Strümpfe?«

Dennoch begrüßt Grace, in Gegenwart ihrer Freundin Molly, die Veränderung: »Nichts wird so sein, wie es einmal war, Molly. Und es ist komisch, aber ich bin froh.«

Molly: »Ein paar Bomben könnten dieses Land aufwecken.« Grace: »Ich hab' da so meine Zweifel, ob ein paar Bomben Dawn an einem Sonntagmorgen wachkriegen würden.«

Clive, der Mann von Grace, diente während des Ersten Weltkriegs in der indischen Armee. Grace weiß: »Es war die beste Zeit seines Lebens.« Clives bester Freund Mac, Mollys Mann, lag dagegen mit seiner Kompanie in den Schützengräben von Frankreich. Dawn will von Mac wissen, wie sich die deutsche Sprache anhört. Mac: »In den ganzen welt die meisten leute sind dumm.«

Clive, den sein eintöniges Alltagsleben bekümmert und der

Der Krieg wird schreckliche Realität
– *Hope and Glory*
(Davros/Neue Constantin)

sich zurück zur Armee sehnt, nutzt die Gelegenheit des Kriegsausbruchs und meldet sich freiwillig: »O Grace, es ist nicht für lange. Sie sagen, bis Weihnachten ist es vorbei.« Grace ist mit den Kindern allein.

Bill hat einen Alptraum: Er träumt, wie er als Spitfire-Pilot von einer deutschen Maschine abgeschossen wird.

Bomben fallen auf London und verschonen auch nicht Rosehill Avenue.

Erste Tote.

Die Kinder sprechen darüber. Roger: »Paulines Mama ist getötet worden.« Bill: »Nein, das ist nicht wahr.« Roger: »Wohl wahr! Stimmt doch!«

Jane, ein älteres Mädchen: »Ja, stimmt. Mausetot.« Roger: »Du kannst sie ja fragen. Frag Pauline… Stimmt's? Deine Mama ist letzte Nacht getötet worden.« Pauline nickt stumm. Die kleine Sue, die Bill zu Pauline schickt, mit ihr zu spielen, hält ihr in kindlicher Unschuld die Splitter eines Schrapnells hin: »Pauline, willst du ein Schrapnell?« Pauline schüttelt den Kopf. Vielleicht sind es Teile der Bombe, die Paulines Mutter tötete.

Bill will Rogers Gang beitreten. Ob er ein Schimpfwort wisse, fragt ihn Roger. Bill kennt eins. Zögernd kommt es aus ihm heraus: »Fuck!«

Dawn betet in einer weiteren Nacht, da Bomben fallen: »Lieber Gott. Nicht auf uns. Laß sie auf Mrs. Evans fallen. Sie ist eine Kuh.« (Hat die Nachbarin Dawn nicht mit einem kanadischen Soldaten gesehen?)

Clive hat Heimaturlaub. Er, der im Kriegsdienst der Langeweile des Büros entfliehen wollte, ist bei der Armee ausgerechnet in der Schreibstube gelandet: »Das größte Problem, das ich habe, ist, wie ich an ein neues Farbband herankomme.«

Er und Mac sehen auf die tristen Doppelhäuser der tristen Straße, die schon einige Treffer abbekommen hat. »Rosehill Avenue«, sinniert Mac. »Keine Rosen. Kein Hügel. Und bestimmt nicht eine Allee.« – »Wieso nicht?« – »Für eine Allee braucht es Bäume.«

Molly brennt mit einem polnischen Piloten durch. Mac: »Sie sagte: Ich weiß, du liebst mich, Mac, aber du hast mich nie genug geliebt.« Grace: »Nicht genug lieben. Furchtbar, jemandem so was anzutun. Ich glaub', ich hab' es Clive angetan. Immer was zurückgehalten.« Und dann gibt sie zu, daß sie damals gehofft habe, er, Mac, werde um ihre Hand anhalten, doch Clive war beharrlicher: »Dauernd fragte er mich, aber ich habe gewartet und gewartet, daß du einen Ton sagtest. Aber du hast es nicht getan.«

Das Rohan-Haus: ausgebombt.

Grace zieht mit den Kindern in den Bungalow ihres Vaters nach Shepperton an die Themse. Wie seine Mutter ist auch Bill fasziniert vom Fluß. Wie sehr unterscheidet er sich doch von Rosehill Avenue.

Dawn hat eine Neuigkeit für ihre Mutter: »Du wirst Großmutter!« Der werdende Vater, jener kanadische Soldat namens Bruce, »desertiert« sogar, um die Schwangere zu heiraten. Die Hochzeit vereint Familie und Freunde: das Brautpaar, die Großeltern, Molly und Mac, die wieder zusammen sind, Grace, ihre drei Schwestern, Clive und die Kinder. Etwas abseits stehen Militärpolizisten, um Bruce nach vollzogener Trauung wegen unerlaubten Entfernens von der Truppe mitzunehmen. Höhepunkt des Films ist die Geburt des Kindes – am Fluß, am Tag der Hochzeit.

In der letzten Szene träumt Bill davon, den echten Krieg zu sehen. Es wird ein Tagtraum, der den filmischen Background des Unternehmens enthüllt. Bill sieht sich von einem deutschen Soldaten verfolgt, der ihn mit einem Bajonett bedroht. Plötzlich: »Cut!« Die Deutschen hören auf zu feuern. Ein Filmteam bei der Arbeit. Der Film, der einen wesentlichen Abschnitt im Leben des jungen John Boorman schildert, endet mit dem Handwerk des Filmregisseurs Boorman.

Auch wenn die Namen der Personen verändert wurden, entspricht *Hoffnung und Ruhm* doch sehr genau den Erinnerungen Boormans an jene Zeit. Im folgenden Beitrag, den wir mit seiner freundlichen Erlaubnis abdrucken, geht er selbst darauf ein.

Hope and Glory (Hoffnung und Ruhm)

England/USA 1986–87. *Regie:* John Boorman.
Produktionsgesellschaft: Davros Production Services Ltd. in Verbindung mit Goldcrest Films and Television (Holdings) Ltd./Channel 4/Embassy Home Entertainment/Columbia Pictures Industries. *Produzent:* John Boorman, *Mit-Produzent:* Michael Dryhurst. *Produktionsberatung:* Jake Eberts. *Drehbuch:* John Boorman. *Produktionsentwurf:* Anthony Pratt. *Fotografische Leitung:* Philippe Rousselot. Farbe u. s/w. *Schnitt:* Ian Crafford. *Musik:* Peter Martin. *Besetzung:* Mary Selway. *Aufnahmeleitung:* Peter Cotton. *Produktionskoordination:* Sheila Collins. *1. Regieassistenz:* Andy Armstrong. *Regieassistenz:* Melvin Lind, Julian Wall. *Art Director:* Don Dossett. *Assistenz:* Kevin Phipps. *Ausstattung:* Joan Woollard. *Entwürfe:* Gary Tomkins. *Szenenmaler:* Ted Michel. *Kostüme:* Shirley Russell. *Garderobe:* Steven Hubbard. *Garderobenassistenz:* Sue Honeybourne, James Langan, Joanna Measure. *Kameraführung:* Mike Fox. *Schärfenassistent:* Ronald Anscombe. *Clapper/Loader:* Jason Wrenn. *Koordination Spezialeffekte:* Phil Stokes. *Spezialeffekte:* Rodney Fuller, Mike Collins, Joe Fitt, Sean Collins, Brian Wood. *Maskenbildnerin:* Anna Dryhurst. *Assistenz:* Penny Shawyer. *Frisuren:* Joan Carpenter. *Assistenz:* Ann Townsend. *Script:* Elaine Schreyeck. *Chefelektriker:* Chuck Finch. *Baubühne:* Syd Nightingale. *Chef-Requisiteur:* George Ball. *Tonschnitt:* Ron Davis. *Mischung:* Peter Handford. *Galgen:* John Stevenson. *Schnittassistenz:* Pat Brennan. *Assistentin des Regisseurs:* Telsche Rotcage. *Kontakte:* Norma Paulsen. *Buchhaltung:* Raj Malde. *Standfotos:* Murray Close. *Pressebetreuung:* Lynda Levy, Rosie Segrave. *Postproduction:* Twickenham Film Studios Ltd.
Darsteller: Sarah Miles (Grace Rohan), David Hayman (Clive Rohan), Derrick O'Connor (Mac), Susan Wooldridge (Molly), Sammi Davis (Dawn Rohan), Ian Bannen (Großvater), Sebastian Rice-Edwards (Bill Rohan), Jean-Marc Barr (Bruce), Annie Leon (Großmutter), Amelda Brown (Hope), Jill Baker (Faith), Katrine Boorman (Charity), Geraldine Muir (Sue Rohan), Nicky Taylor (Roger), Gerald James (Rektor), Sara Langton (Pauline), Barbara Pierson (Lehrerin), Charley Boorman (Luftwaffenpilot), Susan Brown (Mrs. Evans), Colin Higgins (Clives Kamerad), Peter Hughes (Polizist), Ar-

thur Cox (Feuerwehrhauptmann), Ann Thornton (romantische Frau), Andrew Bricknell (romantischer Mann), Hannah Nicol (Jane), Imogen Cawrse (Jennifer), Colin Dale, Jodi Andrews, Nicholas Askew, Jamie Bowman, Carlton Taylor (Jungen), Emma Buckley (Dawns Freundin).
Laufzeit: 112 Minuten.

John Boorman:
Erinnerungen

Ich hatte schon früher verschiedentlich versucht, den Stoff umzusetzen, so vor fünfzehn Jahren, aber aus Gründen, seien sie nun gut oder schlecht, wurde das Projekt damals fallengelassen. Es ging darin um das Leben selbst, wenigstens mein Leben, eine Kindheit und eine Familie.

Zum besseren Verständnis scheint es mir nützlich, die Geschichte eines Unternehmens, so wie es sich verhielt, aufzuzeichnen, das mit Geschichten begann, die ich meinen Kindern erzählte, wenn sie zu Bett gingen. Sie wurden selten müde, von meinen Abenteuern als Kind während des Krieges zu hören: Fliegerangriffe, Sperrballone, Schrapnells, Schützenpanzerwagen, Kristallempfänger – dann der Umzug an die Themse nach Shepperton und die Wunder des Flusses, Flußkähne und Eisvögel, ein nicht anthropomorphisierender *Wind in den Weiden*.

Als ich meiner ältesten Tochter, Telsche, die erste Fassung des Drehbuchs zu lesen gab, legte sie es nach zwanzig Minuten aus der Hand. »Du kannst es doch unmöglich in der kurzen Zeit gelesen haben«, schrie ich mit der ganzen aufgestauten Paranoia eines Autors, der sein Werk zum erstenmal vorzeigt.

»Also«, schränkte sie ein. »Ich hab' all die Geschichten ausgelassen, die ich kannte, und da blieb natürlich nicht mehr viel übrig – oder?«

Mein erster Vorstoß in dieser Richtung galt dem Fernsehen. Meine Inspiration bezog ich aus der Bewunderung, Liebe und – ja: Ehrfurcht, die ich für meine Mutter und ihre drei Schwestern empfand. Der Plan war, meine eigenen Kinder zu filmen, wie sie sie nach ihrer Vergangenheit fragten, dabei zu ihren Füßen saßen und ihren Geschichten lauschten. Die vier Schwestern reden gern alle gleichzeitig, und doch besteht zwischen ihnen eine solche Harmonie, daß sie sich nie zu unterbrechen scheinen. Der Trick besteht darin, daß sie nicht nur reden: Sie erzeugen Töne, Oohs und Aahs, Girren und Lachen, Seufzen und auch mal ein ungläubiges Ach was! Sie murmeln und kichern. Es gibt Laute des Ermunterns, Laute des Mitleids, Laute des Erstaunens, Laute der Anerkennung. Sie orchestrieren diese Töne um die Satzmelodie der jeweils sprechenden Schwester. Ihre porzellanblauen Augen sind voll Wunder: Sie erinnern sich, sie erinnern einander, sie sprudeln heraus. Sie waren und sind ein wunderbares Damenquartett, das sich noch immer ›Chapman Mädels‹ nennt. Wir erklären uns durch die Geschichten, die wir erzählen, und durch die Geschichten, an die wir uns erinnern. Während sie also ihre Geschichten erzählen, wollte ich von Zeit zu Zeit auf die Tage ihrer Kindheit in Spielszenen rückblenden. *Meine* Töchter sollten dann *ihre* Rollen spielen. Und wenn sie von mir erzählten, sollte mein Sohn Charley mich als Jungen darstellen. Ich wiederum wollte die Rolle *ihres* Vaters übernehmen, *meines* Großvaters. Es wäre Inzest als Kunstform gewesen.

Es sollte ein Versuch sein, auf eine Familie zu schauen, die Generationen auf und ab, rückwärts und seitwärts, und dieses invertierte Rollenspiel hätte vielleicht etwas ausgesagt über die Bewegung von Blut und Genen.

Aber dann bekam ich Angst vor der eigenen Courage. Ich konnte die Probleme zu klar vorhersehen. Es wäre, als würde man zu Weihnachten Scharaden veranstalten, und ich hatte die Befürchtung, daß das Resultat ähnlich ausfallen könnte.

Andere Filme kamen dazwischen, aber meine Gedanken kreisten oft um das Sujet, vielleicht deswegen, weil ich, wenn ich keine Filme machte, viel Zeit damit verbrachte, meiner

Frau beim Aufziehen einer Familie zu helfen, und das in einer Welt, in der das Familienleben sich auflöst. 1968 hatte ich zwei Filme in Hollywood gemacht, *Point Blank* und *Die Hölle sind wir*. Wir hatten unsere sechs kleinen grünen Ausweiskarten und ein Haus am Strand in der Malibu-Kolonie. Telsche und Katrine gingen dort zur Schule und lernten den Treueid mit amerikanischem Akzent aufzusagen. Mit der Bizarrerie von Kalifornien kam ich zurecht; aber wenn es anfing, normal zu werden, geriet ich in Panik. Ich fühlte, wie mein Zugriff auf die Realität sich lockerte; meine Nachbarn wurden vor meinen Augen durchsichtig, sie redeten mit lauten Stimmen in einer unbekannten Zunge. Zur Beruhigung und um der menschlichen Wärme willen suchten wir die »Schatten«bevölkerung aus, die japanischen Gärtner, mexikanischen Dienstmädchen, schwarzen Haushälter, die jeden Morgen in Wellen nach Malibu, Beverly Hills und Bel Air kamen. Wir kauften Ziegenmilch von Hillbillies, improvisierten unser Leben auf ein paar Morgen Buschwerk in den Malibu-Bergen. Diese Prüfsteine einmal nicht gerechnet, waren unsere Mädchen bald von der Sonne braungebrannt, in Coca-Cola mariniert und vom Tag verwöhnt. Wir flüchteten nach Irland, ein Sprung in die Vergangenheit, die Uhr zurückstellen: Nonnenklöster, Gänsehaut erzeugende Moore, flakkernde und erlöschende Lichter, ein Volk, durchnäßt von regnerischer Melancholie, schicksalsschwanger und fröhlich zugleich, allzeit bereit, auf den Besenstielen seiner eigenen Sprüche zu reiten oder unter sein Gewicht zu sinken.

In einem Haus wie aus einer Kinderzeichnung des 18. Jahrhunderts, in einem Tal, verborgen in Eichenlaub und Buchenwald und umgeben von Hügeln, wuchsen unsere Kinder auf, schluckten die Tränke des Landes anstelle von Vitaminen, lebten in einer Larve voll alter Erzählungen, Aberglauben und Überlieferungen. Vom L.-A.-Zukunftsschock genesen, fielen wir gemeinsam zurück in die Mythe.

Wieder einmal, wie schon als Kind, führte ich ein Familienleben, das viel von der Außenwelt ausschloß, das sich in sich selbst einschloß. Keine gewöhnliche Familie, sondern ein Sonnensystem, in dem sich alle Körper in einer harmonischen Bahn drehten, alle konnten sich frei bewegen, aber niemand konnte entfliehen, ohne das Haus, das Tal, die Familie zu zerstören und die Bruchstücke in die Außenwelt der Gegenwart zu zerstreuen. *Sie* war im Zentrum, magnetisch. Drei Töchter vereinigten sich mit der Matrix, ein Sohn.

So hatte ich meinen Weg zurück gefunden, in eine Gemeinschaft von Frauen, tanzte zu den Stufen der Isis, frischte den Zustand der Kindheit auf.

Ich hatte zwei Schwestern und keinen Bruder, und außer den drei Tanten war da noch die Schwester meines Vaters. Auch er hatte keine Brüder. Als mein Vater in den Krieg zog, ließ er mich zurück mit einem Haus voller Frauen, ohne einen Mann, der ihre weiblichen Exzesse zügelte: die unerklärlichen, plötzlichen Tränen, dann das derb verschwörerische Gelächter über eine sexuelle Anspielung in schockierender Unbedachtheit des davor hängenden Schleiers, die Monatsblutung und die erdrückenden Umarmungen, mit denen ein Jungengesicht in diese unendliche Weichheit gepreßt wurde: heiße, verzehrende, einen puterrot anlaufen lassende, unanständige Verlegenheit.

Ein wenig von diesem Schamgefühl kommt in einer ekelhaften Woge zurück, wenn ich meine Hand zwinge, die folgenden Zeilen zu schreiben: Ich wurde geboren in No. 50 Rosehill Avenue, Carshalton, einer öden Straße mit diesen typischen Vorstadtdoppelhäusern, von denen 4 *Millionen* zwischen den Kriegen gebaut wurden. Mein Vater erwarb das Haus mit einer Anzahlung von £ 50 und zahlte die Hypothek mit wöchentlich 17 Shilling und 6 Pence ab. Der Kaufpreis betrug £ 676. Für den Film habe ich Rosehill Avenue auf einem stillgelegten Flugplatz in Wisley, Surrey, für £ 750000 nachgebaut. Dabei sah unser »Straßen«-Set mehr so aus wie eine Straße in Ewell, wo wir hinzogen, als ich zwei Jahre alt war. So sind eben Filme und Erinnerungen zusammengewürfelt. Um Rosehill Avenue herum breiteten sich Grundstücke aus, wo die öffentliche Hand Londons Slumbewohner neu ansiedelte. Meine Eltern, wie auch die anderen Besitzer einer Doppelhaushälfte, hatten nur eine trübe Vorstellung von ihrem Platz im Klassensystem, aber dafür einen ausgeprägten Sinn für feine Lebensart, der durch die öffentlichen Unterkünfte verletzt wurde. Sie sahen mit wachsendem Horror, wie meine ältere Schwester, Wendy, von der Schule heimkam und fluchte und ordinäres Zeug redete. Mit zehn hatte sie sich von den Kindern, die aus Bermondsey zugezogen waren, schon die Krankheiten der Arbeiterklasse eingefangen wie Krätze, Scharlachfieber und Sozialismus im Anfangsstadium. Sie und mein Vater stritten sich und fuhren sich gegenseitig übers Maul. Er war kein Snob, verachtete bestimmt nicht jene, die unter ihm waren, aber er achtete inbrünstig alle, die über ihm waren, fühlte sich bedroht, wenn Dinge und Menschen nicht am rechten Fleck waren. Er war ein sentimentaler Monarchist, ein verbissener Tory. Seine Anschauungen waren freilich nur oberflächlich, und wenn Wendy ihn reizte, wurde er weiß im Gesicht, bebte vor Zorn und stieß unartikulierte Rechtfertigungen für seine angegriffene Position aus. Sein Zorn trieb ihn so weit, statt seiner sonst makellosen Platitüden köstlich surreale *non sequiturs* (= Nonsense-Sätze, Paradoxien) zu bringen: »Ich werde hier nicht tatenlos herumstehen und zuhören, wie du das Land beleidigst, für das ich gekämpft habe und gestorben bin.«

Vater mußte Barackenraumbeleidigungen einstecken, die er liebend gern selbst gegen seine Tochter Wendy geschleudert hätte, um ihre politische Häresie zu widerlegen. Rot im Gesicht, ließ er die Worte in seiner Kehle wuchern, verbrämte irgendeinen wilden Slogan zu monumentaler Fruchtlosigkeit.

»You don't know your... your .. (oh, hier einen Euphemismus zu finden und doch die Alliteration zu wahren!) ...your apron from your elbow.«[1]

Das verfehlte seine Wirkung nicht einmal bei Wendy.

Er bestand darauf, daß, wann immer die Nationalhymne im Radio übertragen wurde, wir alle strammstanden, Kinn rein, Brust raus, Schultern zurück, Fäuste geballt, Daumen an der Hosennaht. Einmal erwischte er mich dabei, wie ich im Bett lag, während die Nationalhymne in meinem Kristallempfänger spielte. »Aufstehen!« kommandierte er. Es war eine kalte Winternacht im Krieg, und Schlafzimmer waren nie geheizt. Ich winselte eine ziemlich einfallsreiche Entschuldigung: »Wenn ich aufstehe, könnte ich nicht zuhören, weil die Leitung am Kopfhörer nicht lang genug ist.«

»Du mußt es nicht hören, Sohn«, sagte er in einem väterliche Weisheit offenbarenden Tonfall. »Solange du *weißt,* daß sie irgendwo spielt, stehst du auf.«

»Aber Dad, es ist eiskalt.«

Da taute er auf, seine Haltung entkrampfte sich. »Na dann, das eine Mal. Aber *lieg* stramm. Denk dran, die Daumen an der Naht deiner Schlafanzughose.«

Wendy hielt ihm vor, daß ein Tory zu sein gegen seine eigenen Interessen verstoße, daß er die Klasse stütze, die uns unterdrücke. Aber konservativ zu wählen war für ihn ein Weg, sich selbst zu bestätigen, daß er nicht in den gefürchteten Abgrund der Arbeiterklasse rutschte.

Daß ich mich schämte, in Rosehill Avenue geboren zu sein, hängt teils mit der politischen Einstellung meines Vaters zusammen, teils mit der Geringschätzung und Verachtung, mit der man auf Metroland, die Welt der Doppelhäuser, herab-

---

[1] Wörtlich: »Du kannst noch nicht einmal deinen... deinen... deine Schürze von deinem Ellbogen unterscheiden.«

sah. »Freundliche Bomben, kommt, fallt auf Slough«, lästerte John Betjeman.

4 Millionen zwischen den Kriegen gebaut! Also lebten 12,16 Millionen Menschen darin? Woher kamen sie? Wohin sind sie gegangen? Viele haben sich, wie ich, über ihre Herkunft ausgeschwiegen. Ich wuchs mit dem Wunsch auf, ich wäre höher geboren; in den sechziger Jahren hätte ich dagegen gern für mich eine niedrigere Geburt in Anspruch genommen. Gewiß, fünfzig Jahre später kümmert man sich immer noch um diese Häuser, modernisiert, mit doppelter Verglasung, und legt dekorative Patios an, ein ziemlicher Kontrast zu den glitzernden Cities, die später kamen, zu den neuen Städten, den Hochhaussilos, Zeichen eines schrecklichen Verfalls. Le Corbusiers manische Gefolgsleute fielen wie Stoßtruppen ins Land und brachten England mehr Zerstörung als Hitler. Sie hinterließen eine freudlose, sterile Landschaft in ihrem Kielwasser, aber die Vorstadtwelt ließen sie unberührt, hatten allenfalls Schimpfworte für sie übrig.

Gab es so etwas wie eine heimliche soziale Revolution, die mit der Entstehung der Doppelhaus-Vorstädte verbunden war? Sie gingen alle fehl (oder lagen falsch) – die Akademiker, die Politiker, die Oberschicht. Während sie sich noch um Sozialismus und Faschismus sorgten, hatte der Kuckuck längst sein Ei in ihrem Nest gelegt, und Margaret Thatcher schlüpfte heraus.

In London drängten sich aus dem Untergrund des U-Bahn-Netzes griesgrämige. geschniegelte Massenmenschen, und um jeden U-Bahnhof wuchsen Trauben von Doppelhäusern oder schlängelten sich wie ein Band entlang der neuen Umgehungsstraßen. Wo kam sie her, diese neue Klasse? Einige waren aus der Mittelklasse abgesunken; die meisten suchten einen Ausweg aus der Arbeiterklasse. Sie kamen aus allen Bezirken und von allen U-Bahnhöfen, verleugneten ihre niedrige Vergangenheit, anästhesierten sie, so daß die meisten

Ein Junge in einer zusammenbrechenden Welt
– *Hope and Glory* (Davros/Neue Constantin)

Kinder, die ich kannte, kein Interesse an ihrer Herkunft hatten, kein Bewußtsein von ihrer Familiengeschichte. Wir beobachteten einander mit Argwohn, blieben für uns selbst. Privatisierung bewahrte uns, unsicher wie wir waren, davor, uns danebenzubenehmen. Im großen und ganzen hatten wir Freude am neuen Wohlstand. Es gab eine Garage für den Morris 8 oder den Austin 7, einen schmalen Streifen Garten mit einem hohen Zaun drumrum zum Spielen für die Kinder. Die private, nach innen gekehrte Welt der Kleinfamilie nahm Gestalt an. Diese Wohnviertel, zehn Minuten Gehweg von der U-Bahn, ohne Wurzeln und ohne Vergangenheit, waren die Heimstatt eines bis dahin noch unbekannten Phänomens: des Pendlers.

Das Band der traditionellen Gesellschaft gelöst, fanden sie sich in einem behaglich eingerichteten Freiraum. Die Leere füllte das Radio. Es spielte den lieben langen Tag, vertrieb die furchtbare Stille, doch nur selten wurden in den Programmen die Doppelhaus-Vorstädte angesprochen. Die Sendungen kamen aus einem fernen Land, wo die Leute mit fremdem Akzent sprachen, genauso weit weg wie die Welt, die jede Woche im »Regal« oder im »Odeon« in amerikanischen Filmen oder snobistischen englischen vorgeführt wurde. Wir konnten uns nicht vorstellen, jemals solche Leute zu treffen oder an ihren Erlebnissen teilzuhaben, was uns noch mehr isolierte. Uns fehlte die Fähigkeit zu erfassen, was wir geworden waren. Wir konnten nicht zu uns selbst finden. Setzten die einfältige, alberne Miene institutionalisierter Menschen auf, stets unsicher, wie wir reden, gehen oder uns benehmen sollten. Leid machte uns verlegen, und Fröhlichkeit erschreckte uns. Wir bedeckten unser Gesicht vor jeder öffentlichen Gefühlsäußerung.

Wie wunderbar war der Krieg. Es ging um eine gemeinsame Sache, es gab gleiche Rationen, die ganze Gemeinschaft half mit, aber am herrlichsten war eine Form von Mythos, verbreitet von Radio, Zeitungen und Kino, die es den Leuten aus den Doppelhäusern ermöglichte, über ihre Gartentore zu springen, die Schwierigkeiten über Bord und sich selbst in die Arme des Patriotismus zu werfen.

Der wirkliche Krieg stand erst bevor. Noch gab es in diesen Straßen keine Arbeitsplätze, keine Schulen, keine Geschäfte, keine Kirchen, keine Sportplätze, keine Pubs. Tagsüber wurden die Männer und die Jugend herausgesaugt in die Büros und in die Schulen, die Frauen zurückgelassen zum Saubermachen und Putzen, Radiohören und Träumen. Die verlassenen Straßen kamen dann Männer herunter, die mit Träumen und Einsamkeit Geschäfte machten und an die Türen klopften, um Schallplatten, Magazine, Staubsauger und Teppiche zu verkaufen. Die wöchentlichen Versicherungsprämien wurden kassiert, die Raten für die Möbel und so weiter. Meine Mutter wühlte dann verlegen in ihrem Geldbeutel und steckte die Nase rein, auf der Suche nach Geld und Mitgefühl, eine von vielen Sachen, derentwegen ich mich schämte. Noch schlimmer war es, wenn sie das letzte Geld herauskramte, um mir etwas zu kaufen. Ich beschloß, mich sobald wie möglich von ihrer braven Selbstaufopferung frei zu machen und ihre Börse mit Geld zu füllen, damit sie nie wieder drin kratzen und knausern müßte.

Sonntags wurde feierlich der Wagen aus der Garage gerollt, gewaschen und poliert, worauf die Eltern ihre beiden kleinen Würmchen auf dem Hintersitz verstauten und an die See fuhren oder nach Box Hill oder in den Zoo nach Whipsnade. Sie waren Hausbesitzer, Verbraucher, auf einer großen, abenteuerlichen Reise in einen Mythos, den sie selbst geschaffen hatten.

Architekten verachteten die Doppelhauskultur, nicht zuletzt deswegen, weil sie überhaupt nicht involviert waren in Entwurf und Bau. Diese Aufgabe fiel den Bauspekulanten zu, die sicherlich die unausgesprochenen, unbewußten Phantasien eines Volkes trafen, das unter der Wertepatronage der Höherstehenden schmachtete.

Die Vergangenheit war gänzlich ausgelöscht. Alles mußte neu sein, vorzugsweise in Chrom und Bakelit. Oh, wie sie die Last der Tradition abschüttelten! Die Sonne ging auf im Buntglas über der Eingangstür, ihre Strahlen brachen sich am Gartentor, selbst das Sofa war Sonnenstrahlen nachempfunden. Die Bauspekulanten köderten uns mit Versprechungen von frischer Luft und Sonnenschein, Blumen und Rasen, einer Insel abseits der rußigen Cities und rauchigen Slums. Tudorgiebel, bleigefaßte Fensterscheiben, Erkerfenster – eklektische Fragmente aus einem England, wie es einmal vor der industriellen Revolution war, des England von Robin Hood, Pantomime-Geschichten, Ann Hathaways Cottage. Manchmal leuchtete in der aufgehenden Sonne eine stolze Buntglas-Galeone in vollen Segeln mit dem Kreuz des Hl. Georg darauf. Aufgewärmte atavistische Sehnsüchte dieser ausgebrannten Fabrikarbeiter, die einmal Freisassen zu ihren Vorfahren gezählt hatten.

Wir besaßen eine Teekanne, in deren Chromkugel sich das ganze Universum spiegelte – oder wenigstens die Gänze unserer Doppelhaushälfte. Das Porzellan, das Eßbesteck, die Teppiche und Vorhänge – alles mußte neu sein, in neuen Formen und Mustern. Uhren, Vasen, Lampen, Kochgeschirr – modern und glänzend, alles von Maschinen hergestellt, ohne Zutun menschlicher Handwerkskunst entstanden.

Angesagt waren Fitness, Gesundheit, Hygiene. Hitler und Mussolini wurden vor dem Krieg geschätzt wegen ihrer Initiativen im Bereich Fitness und Sport. Gesundheit wurde zur Ersatzreligion in dieser kirchen-, aber nicht gottlosen Welt. Wir waren dabei, uns von den Folgen der industriellen Revolution zu erholen, und benötigten dringend mehrere Generationen Frischluft und gesunde Ernährung, um wieder zu Kräften zu kommen. Oh, was Engländer Engländern antaten:

Elend, Entbehrung und Leibeigenschaft in einem Ausmaß, das so in etwa dem ihrer kolonialen Vasallen gleichkam! Die halbe Bevölkerung wurde vom Land in die städtischen Slums geschleust, wo sie ihre Vergangenheit, ihre Lebensweise vergaß. Und jetzt waren da die Überlebenden und flohen in diese neuen Vorstadtstraßen, entkommen nicht nur dem Schock der industriellen Revolution, sondern auch dem des Ersten Weltkriegs und der Depression. Vergeßt das alles, blickt nicht zurück, begebt euch in die lächelnde neue Welt der Doppelhäuser – Sonnenschein, Gärten und Innenklos. Seid ihr lebend durch den Großen Krieg gekommen, den Minenfeldern entronnen, den Gießereien und Fabriken, dann macht es euch bequem in der Amnesie und empfangt den neuen Mythos – Arkadien für alle.

Wir trugen jetzt gestärkte Hemdkragen, Krawatten und Bowlers. Eine neue Armee von Angestellten und Schreiberseelen war das, eine Legion, die aufstand, der neuen Dienstleistungsindustrie zu dienen, und die später ausradiert werden würde von Digitalcomputer und Knöpfchendrückern. Es war eine massive Völkerwanderung. Ein neues Land war im Aufbruch, und das England von früher verschwand, ohne daß es jemandem auffiel, denn der trügerische Schein wurde gewahrt: Dörfer, die man von weitem an den Kirchturmspitzen erkannte, mit rauschenden Bächen; Rauch aus Holzfeuern, der von Strohdächern aufstieg; ein Ehrenmal für die Toten; alte Männer, deren ländliche Weisheit man zum Preis eines Bieres kaufen konnte. In Wirklichkeit aber dienten die englischen Landgemeinden allenfalls als Filmkulisse, Museen mit Arbeitsmodellen. Sie erfreuten das Auge, ließen das Herz höher schlagen, und der ganze Schwindel hielt ein Alibi von Brauchtum und Überlieferung am Leben. Es war vielleicht dieses schwache Echo, den eingeschränkten Instinkten der Haustiere ähnlich, das uns in die langweiligen Straßen der Doppelhäuser trotten ließ, angelockt von einer Handvoll gerissen propagierter Design-Metaphern, die die englische Vergangenheit beschworen und doch paradoxerweise daraus ausbrachen, um in eine strahlende Zukunft zu weisen.

Da waren wir also, mutterseelenallein in dieser ungeformten Phantasie, und traten Wasser, zu höflich, um beim Ertrinken nach Hilfe zu schreien, drauf und dran, in Verzweiflung zu versinken, als der Krieg begann, mit einer Rettungsleine für jedermann. Unsere ganze persönliche Unsicherheit und Wirrnis konnte in der gemeinsamen guten Sache untertauchen, im Kampf gegen das Böse.

Mein Vater George und sein bester Freund Mac waren siebzehn 1914. Sie traten in das East Surrey Regiment ein, das aus irgendeinem bürokratischen Grund von Frankreich nach Indien verlegt wurde. Die Schulfreunde meines Vaters und die meisten Jungen, die er kannte, wurden Subalterne und nach Frankreich geschickt. Kaum jemand kam von ihnen zurück. Währenddessen wurde der junge Georg, der eher wie vierzehn aussieht als wie siebzehn auf seiner ersten stolzen Fotografie in Uniform, Offizier und brachte es bis zum Captain in der indischen Armee mit dem Kommando über Gurkhas. In einer Geschichte, die zu erzählen er nicht müde wurde, ritt dieser Junge, der noch erleben sollte, wie der erste Mensch seinen Fuß auf den Mond setzte, mit gezücktem Säbel auf einer Araberstute in eine Schlacht gegen die Türken: »Es war ein Selbstmordkommando, ein Angriff gegen eine türkische Artilleriestellung. Wir mußten vorher alle einen Abschiedsbrief nach Hause aufsetzen.«

Doch stellte sich heraus, daß sich die Türken zurückgezogen hatten. Das also war sein härtester Kampfeinsatz. Briefe schrieb er keine mehr, das überließ er immer meiner Mutter. Nie wieder verlangte man von ihm, sein Schwert im Zorn zu ziehen. Natürlich war auch der Brief an seine liebende Mutter nicht abgeschickt worden, die ihn inständig bat, nach Hause zu kommen, wenn der Krieg vorbei sei.

In der indischen Armee wurde ihm ein regulärer Posten angeboten, und er wollte bleiben. Es war, wie er später erkannte, die beste Zeit seines Lebens. Während seine Altersgenossen im Dreck von Flandern krepierten, spielte er Polo und verliebte sich in eine indische Prinzessin. Von den Geschichten, die er aus jener Zeit erzählte, ist mir eine lebhaft in Erinnerung geblieben: »Wenn wir unterm Moskitonetz schliefen, hatten wir einen indischen Diener im Zelt, der im Schneidersitz dasaß und Luft zuwedelte. Ich gewöhnte mich so an dieses frische Lüftchen, daß ich auf der Stelle wach wurde, wenn er einnickte und zu wedeln aufhörte, und ihn zurechtwies.« Ich frage mich, was damals wohl im Kopf dieses Inders vorging, der ergeben dem unschuldig-unwissenden Gesicht eines englischen Jungen von neunzehn Jahren Luft zuwedelte, beide in einem Zelt unter dem Sternenhimmel eines Subkontinents, der ebenso geschichtsträchtig wie geheimnisvoll war, aber davon wußte mein Vater wenig, und noch weniger beunruhigte es ihn.

Abgesehen von den Geschichten brachte er den üblicherweise als Schirmständer verwendeten Elefantenfuß und Schnitzereien aus Elfenbein mit, die mir als Kind wie mächtige Ikonen erschienen und von exotischen Welten jenseits der Grenzen Londoner Vorstädte kündeten. Einmal im Jahr hatte er seinen Malariaanfall, das ging viele Jahre lang. Ich stand dann an seinem Bett und hörte, wie er im Fieberwahn in Hindustan wandelte, möglicherweise den Mann anschnauzte, daß er nicht wedelte. Wenn er sich herumwarf, drang bisweilen Hitze aus dem Bettbezug. Der feuchte, an Moschus erinnernde Geruch war für mich das wirkliche, spürbare Indien, das in ihm geblieben war und einmal jährlich wie ein Dschinn aus einer Flasche in unsere Doppelhaushälfte drang.

Unser Haus, das nach Mittelklassestatus strebte wie die meisten Häuser in der Straße, hatte einen Namen am Tor: ›Bhim-tam‹! Ich hab' es getreulich am Set unseres Films wiedergegeben, ohne zu wissen oder wissen zu wollen, was es bedeutet. Ich hege die romantische Hoffnung, daß er das Haus nach der indischen Prinzessin benannte, aber ich fürchte, es ist bloß der Hindi-Begriff für »*Mon Repos*« oder »*Bella Vista*«.

Zwar kehrte George unverletzt aus dem Krieg zurück und unbeleckt von Indien, aber als er schließlich 1920 widerwillig heimkam, erwartete ihn in Wimbledon ein ziemlicher Schock.

Mein Großvater hatte die gutgehende Familienwäscherei geerbt und war seiner Konkurrenz um eine Nasenlänge voraus, hatte er doch die erste Waschmaschine erfunden, eine große sechseckige Holztrommel mit diagonalen Rippen, die ganze Scharen von Wäscherinnen an Bottichen ablöste. So erfolgreich war sie, daß er begann, die Maschine fabrikmäßig herzustellen und sie an andere Wäschereien zu verkaufen. Pferdewagen lieferten Wäsche und Maschinen, so daß ansehnliche Stallungen unterhalten wurden. Die Pferde waren die einzige Seite des Geschäfts, die meinen Vater interessierte. Da Geld reichlich vorhanden war und man auf jeden seiner Wünsche einging, suchte man ihm schöne Pferde, mit denen er sich durchaus in einer Schlacht hätte auszeichnen können. Sie wurden dann auch Grundlage seiner Karriere.

Mein Großvater war seinem Wesen nach ein sorgloser Erfinder, und außer der Herstellung der Waschmaschine hatte er kein Interesse an der Wäscherei, die er der Aufsicht seiner Mutter überließ. Er entwickelte kompliziertes mechanisches Spielzeug und stellte es in einer Fabrik her, kümmerte sich aber nicht genügend um die Vermarktung. Amüsiert erzählte er mir, wie ihm seine berühmte Waschmaschine zu einem Vertrag mit der Armee verholfen hatte, der darin bestand, während des Ersten Weltkriegs Schlafdecken zu waschen. Täglich trafen Armeeschlafdecken in der Wäscherei ein, immer größer wurde der Haufen. Er löste das Problem, indem er

Teams beschäftigte, die einfach die Decken ausschüttelten, falteten und wieder zurückschickten. Eines Tages wurde er vorgeladen und zum Quartiermeister-General geführt. Er wurde beschuldigt, die Decken zurückzuschicken – aber nicht richtig trocken! Er wurde aus dem Vertrag entlassen, und eine empfindliche Geldstrafe wurde ihm auferlegt. Dabei hätte er so leicht seine Unschuld beweisen können, indem er die weniger erhebliche Beschuldigung durch das Geständnis einer erheblicheren Schuld entkräftete. »Womit bewiesen wäre, daß es eine Gerechtigkeit auf dieser Welt gibt«, so seine Moral aus der Geschichte. »Man kann nur hoffen, daß sie einen nicht zu häufig ereilt.« Schallendes Gelächter. Er konnte alles und jedes weglachen. Die Welt war für ihn ein großer Scherz, er konnte sie einfach nicht ernst nehmen.

Er liebte es, wie unter einem Zwang, verschwenderische Geschenke zu machen. Sein Haus war stets Treffpunkt von Freunden und Verwandten, und bereits Sekunden nach ihrem Eintreffen hatte er sie davon überzeugt, wie trivial doch ihr Ärger sei. Sein Lachen war voller Musik, wie eine Klarinette, nicht das explosiv bellende Gelächter, das meinem anderen Großvater eigen war, vielmehr Töne, die den ganzen Tag ohne Wiederholung klingen konnten. »Wenn du Spaß hast«, vertraute er mir an, »schlägst du ihnen ein Schnippchen.« Wen er mit *ihnen* meinte, wollte ich wissen. »Du wirst sie schon erkennen, wenn du sie triffst«, lachte er. Und ein paar Jahre später traf ich sie und erkannte sie. Bisweilen gönnte er sich freilich ein ernstes Zwischenspiel. Dann nahm er mich beiseite und nahm mir ein heiliges Versprechen ab: »Versprich mir, daß du nie etwas anderes auf deiner Haut tragen wirst als Seide« oder »Iß niemals Lachs, es sei denn, er ist geräuchert.« Und das während der harten Kriegsjahre!

Eines Tages saß mein Großvater in einem Zugabteil einer jungen Frau gegenüber. Sie war in großer Not. Sie besaß keinen Penny und war gezwungen, eine Dienstbotenstelle anzutreten. Sie hatte ihren Mann verloren und würde nun ihren dreijährigen Sohn zur Adoption freigeben müssen.

Großvater sagte ihr, sie sei zu verzweifelt, um jetzt einen solchen Schritt zu tun. Er hatte einen Sohn im selben Alter. »Gehen Sie und nehmen Sie die Stellung an, ich werde mich um den Jungen kümmern, bis Sie alles geregelt haben.« Großmutter hatte sich schon daran gewöhnt, daß ihr Gatte Zufallsbekanntschaften mit nach Hause brachte, die manchmal wochenlang blieben, und trug es gelassen. Die Witwe kam an ihrem freien Tag, und der Junge wurde aufgezogen als Bruder meines Vaters, ging mit ihm zur Schule und verließ das Haus meines Großvaters erst, als er heiratete, obwohl es niemals eine förmliche Vereinbarung gab. Wenn das Thema angesprochen wurde, lachte Großvater es einfach weg. Die junge Witwe wurde eine Hebamme, und wir nannten sie immer ›Nursey‹. Sie war eine von vielen, die halt stets da waren, sonntags bei Großvater.

Als Vater dann aber aus Indien zurückkam, waren die Wäscherei futsch, die Pferde und das Grundstück verloren, die massive viktorianische Villa verkauft. Alles, was geblieben war, war eine »Handelsgesellschaft«, ein Hof voll Müll, alles Sachen, die Freunde als Sicherheit für Darlehen zurückgelassen hatten, die sie von Großvater gekriegt hatten. Er war der gutmütigste Mensch, den man sich denken kann. Selbst eine kleine Erbschaft, die mein Vater Großvater anvertraut hatte, war dahingeschmolzen.

George, dem als Kind jeder Wunsch von einer liebenden Mutter und einem nachsichtigen Vater dank der Größe des Familiengeschäfts erfüllt werden konnte, verhätschelt und gefeiert in Indien, ein Indien, in dem er so gerne geblieben wäre, stand, als er heimkam, vor Ruin und Armut. Großvater enthielt sich jeden Kommentars und ging mit tosendem Gelächter drüber weg. Es war wieder einmal ein Scherz, nichts weiter: »Diesmal hat er halt mich getroffen – der Scherz.«

Als er starb, ließ er nichts zurück, nur sein Lachen, das in unseren Ohren nachklang. Ich kann es noch hören. Robert, der Sohn meiner Schwester, dessen Geburt der Höhepunkt meiner Filmgeschichte ist, hat übrigens dieses Klarinettenlachen geerbt, wie Gene eben Generationen überspringen. Natürlich ist das Lachen nur Ausdruck einer Geisteshaltung. Auch Robert kann einen Scherz erkennen. Allein mein Vater konnte es nicht, und seine Seele verhärtete sich. Zu seinem privaten Kummer kam auch noch die allgemeine Nachkriegskatastrophe: Eine Million Armeeangehörige wurden auf eine zerrüttete Wirtschaft losgelassen, viele von ihnen mit Nervenschock, verwundet, als Krüppel. Ich erinnere mich, daß, wenn ich als Kind auf die Straße ging oder Bus fuhr, ich nicht selten einen Amputierten sah. Das Jahr 1919 brachte zudem eine verheerende Grippeepidemie, die mehr Menschen tötete als der Krieg, rund 13 Millionen in Europa. Syphilis grassierte, unheilbar.

Was Großvater immer in rauhen Mengen hatte, waren Freunde. Einer von ihnen gründete eine Ölgesellschaft, aus der Shell-Mex hervorging. Großvater erzählte meinem Vater, das sei die kommende Sache, und verschaffte ihm einen Job. »The oil business is boring«[2], pflegte er augenzwinkernd zu sagen, es ging ihm nichts über ein gutes Wortspiel, um die Klarinette zu stimmen.

Er wurstelte weiter an seinen Erfindungen, stellte Staubsauger her und verlieh sie stundenweise, jedoch variierten damals die Netzspannungen von Bezirk zu Bezirk, und die Motoren brannten durch. Ich weiß nicht, was mit seiner patentierten Speiseeismaschine schief lief. Sie machte, wie er mir verriet, Eiskrem so deliziös, daß Kinder Geld von alten Frauen stahlen, um sie zu kaufen. Es soll sogar Fälle gegeben

---

[2] »Im Ölgeschäft wird ordentlich gebohrt«, aber auch: »Das Ölgeschäft ist langweilig.«

haben, wo Kinder ihre eigenen Mütter totschlugen, wenn sie nichts kriegten. Er habe die Herstellung stoppen müssen, sagte er, bevor das Land in Anarchie fiel.

Am besten gefiel mir sein Jack-in-the-Box (Springteufel). Man mußte in einer bestimmten Reihenfolge auf gewisse Punkte drücken, um Jack springen zu lassen. Man versuchte es auf jede erdenkliche Weise, und die Spannung wurde unerträglich, denn jeden Moment konnte die stumme, unergründliche Schachtel auf- und Jack herausspringen, dich angrinsen und im Sprung hin und her wippen.

Nicht mal ein Jahr war nach Großvaters Tod vergangen, da waren seine Frau und Tochter tröstlich versorgt dank des Erbes und der Geschenke von einer Legion von Freunden, denen er so sehr geholfen hatte. Rückschläge hatte er mit einer seiner beliebtesten Redensarten weggelacht: »Es wird sich schon alles zum Schlimmsten wenden, warum sich also Sorgen machen?«

Mein Vater hatte einen Job, nur der arme Mac konnte keine Arbeit finden, obwohl er früher aus der Armee ausgeschieden war als George. Die meisten ihrer Schulfreunde waren im Krieg gefallen, um so mehr hielten George und Mac zusammen, waren niemals auseinander. Nun hörten sie, der neue Besitzer des Alexander Hotels, das am Fuß von Wimbledon Hill lag, habe vier bezaubernde Töchter. Als sie dort ankamen, sahen sie nichts als junge Burschen, die offensichtlich alle ihre Aufwartung machen wollten. Henry Chapman, mein künftiger Großvater, hatte die Wände hinter den Schanktischen ideenreich mit Spiegeln versehen lassen. Nur drei der Töchter waren da, Bobby war noch zu jung. Ihr Spiegelbild verriet grenzenlosen Liebreiz. Sie waren unschuldig, zurückhaltend. Die Spiegel fingen jede ihrer Bewegungen ein, ihre anmutigen Rücken, ihr Lillian-Gish-Profil. Als mein Vater aufsah, konnte er ihre blonden Köpfe in Spiegeln treiben sehen, die geschickt an der Decke plaziert waren.

George und Mac kippten ihre Biere runter und drohten in Ohnmacht zu kippen, im Delirium der Verzückung. Sie hatten sich beide in Ivy verliebt, das älteste der Chapman-Mädels. Jede Nacht kehrten sie jetzt zurück, um sie anzustieren und auch schon mal kleine neckische Scherze auszutauschen. Eines Nachts flog die Tür zum Pub auf, und in langem Pelzmantel, Zigarre im Mund, stand da eine eindrucksvolle Gestalt, flankiert von zwei Berufsboxern mit Blumenkohlohren und Kartoffelnasen. Es handelte sich um Ted Chapman, Großvaters Bruder und tödlichen Rivalen, dem das größere und elegantere Hotel auf dem Gipfel von Wimbledon Hill gehörte, das Dog and Fox. Beleidigungen flogen zwischen den beiden Brüdern hin und her, und es dauerte nicht lange, da konnte Ted eine Schlägerei provozieren. George und Mac waren natürlich schnell dabei, die Ehre des Hauses zu verteidigen. Die Fäuste der Preisboxer kamen ihnen gerade recht, linderten sie doch die größere Seelenpein ihrer unerwiderten Liebe zu Ivy. Bald erkannten sie, daß die Feindschaft der Brüder geradezu sizilianisch war in ihrer schmerzhaften Wirkung. Die von Ted angezettelte Schlägerei durfte als Vergeltungsmaßnahme gewertet werden für Henrys kürzlichen Besuch im Dog and Fox, dessen Höhepunkt eine Menge zerbrochenes Glas und Inventar war. Henry war Teds Versuch gegen den Strich gegangen, seine Töchter hinter seine, Teds, Schanktische auf dem Gipfel zu locken. Henrys Spiegel und Töchter bedeuteten für Ted ernsthafte finanzielle Einbußen. Außerdem hatte Henry das Alexander wohl ausschließlich zu dem Zweck übernommen, seinen Bruder zu inkommodieren. Ihre Rivalität kannte keine Grenzen und kein Ende. So stach Teds Rolls-Royce Henrys Daimler aus. Und obwohl mein Vater ihm überhaupt nicht gefiel, richtete Henry Ivy doch eine rauschende Hochzeit aus, die selbstverständlich größer zu sein hatte als die, die Ted für seine eigene Tochter vorbereitete.

Später ließ Henry seine Frau sitzen und widmete sich einer Dame, die über vier Attribute verfügte, die er am meisten haßte – sie war eine rothaarige Bardame irisch-katholischer Abstammung. Auf seinem Sterbebett gab er endlich ihrem Betteln nach und ließ einen Priester rufen. Er empfing die komplette Palette von Sakramenten, von der Taufe bis zur Letzten Ölung. Der Priester forderte ihn auf, seine Sünden zu bekennen, und erinnerte ihn daran, daß er ein langes und turbulentes Leben geführt habe; er möge also die Gelegenheit nutzen, sorgsam auf sein Leben zurückschauen und so vieler Missetaten gedenken wie nur möglich. Henry zerbrach sich den Kopf: »Ich war manchmal aufbrausend, aber hinterher hab' ich es immer bereut. Nein, ich kann mich an überhaupt nichts erinnern.« Plötzlich trat ein Glanz in seine wäßrigen Augen, und eilig flüsterte er dem Priester ins Ohr: »Aber einen Strolch von Bruder hab' ich.«

George und Mac machten Ivy den Hof, führten sie aus, wurden in den Bungalow an der Themse nach Shepperton eingeladen, Großvater Chapmans Wochenenddomizil. Sie fühlte sich zu beiden hingezogen. Fand es schwer, in ihrem Herzen zwischen beiden zu trennen. Ihr Vater verfolgte das Ganze mit Mißbilligung. Keiner von beiden war gut genug für seine schöne Tochter. Das seien doch nur pennylose Opportunisten, warnte er Ivy, aber ihr kam es darauf an, ihrem übermächtigen, tyrannischen Vater zu entfliehen. Sie und ihre Schwestern hatten ihre Kindheit eingekerkert in einem Gin-Palast verbracht, The Kingsbridge Arms, auf der Isle of Dogs im Herzen von Londons Docks. Kindermädchen und Hauslehrer betreuten die vier Mädels, die nur selten die Festung verließen, die in hellem Licht Vergessen in billigem Gin oder Porterbier verhieß. Draußen war es gefährlich, dreckig, tierisch. Das war vor dem Ersten Weltkrieg. Großvater Chapman besaß den einzigen Wagen in der Gegend, einen Unic. Noch heute erinnert sich Mutter an die Scharen barfüßiger Bälger, die ihnen nachliefen, wenn sie kamen und gingen; einige sprangen sogar auf das Trittbrett, und Großvater schubste sie runter. So isoliert waren sie, daß meine Mutter erst mit sieben Jahren begriff, daß anderer Leute Eltern nicht jeden Morgen ein Piccolo zum Frühstück leeren. Sie erzählte, wie sie Hunderte von Pints zapften, die in einer Linie auf die Schanktische gestellt wurden. Wenn dann die Sirene die kurze Mittagspause für Docker heulte, flogen die Türen zum Pub auf, die Männer fluteten rein, schütteten einen Regen von Pennies über die Kasse und grabschten sich ihre Biere. Nach dem Ansturm wurden die Pennies aufgefegt und in ordentlichen Häufchen von zwölf und Reihen zu zwanzig gestapelt.

Dann kam der Krieg. Oft schilderte meine Mutter anschaulich, wie sie die Zeppeline beobachtete, die hoch droben feierlich dem Lauf der Themse folgten. Hatte es sein Ziel im Dockland erreicht, warf das Ungetüm von Luftschiff eine winzig kleine Bombe. Angesichts der Toten und Zerstörung ringsum entschied Henry, daß es an der Zeit sei, seine jungen Töchter zu evakuieren. Als Kind, Sohn eines Kutschers im East End, hatte er mit seinen Brüdern, sie alle rechte Schmutzfinken, am Flußufer gespielt und gebadet. Weiter oben, am ländlichen Mittellauf der Themse, begannen wohlhabende Kaufleute und Händler mit dem Bau von Wochenendhäusern. Das Automobil brachte alles in Reichweite. Der Einfluß war indisch, man baute Bungalows im Simla- oder, noch besser: Kaschmir-Stil – Veranden mit dekorativen Holzgittern, auf Pfählen gegen Überschwemmung. Auch Henry kaufte sich später einen Bungalow (oder vielleicht baute er ihn auch), und zwar auf Pharao's Island, kurz vor der Schleuse in Shepperton. Der Standesdünkel dieser Gemeinschaft drückte sich in den Namen aus, die sie ihren Bungalows gab – ägyptische Namen: Sphinx, Pyramide und so weiter. Großvaters Bungalow hieß Philä. Meine Mutter und ihre

Schwestern wurden also vor dem Krieg ans Flußufer in Sicherheit gebracht, genauso wie sie mit ihren Kindern in dem Krieg, der zwanzig Jahre später folgte, floh.

Als mein Vater die Szene betrat, war das Philä ersetzt durch Kastanien auf Towpath, der Unic durch einen Daimler, Kingsbridge Arms durch das Alex in Wimbledon.

George machte keine eindrucksvolle Figur im Rudern oder Staken, wohl aber war er ein starker Schwimmer, was ihm einige Punkte brachte. Es war etwa in dieser Zeit, daß meine Mutter sich mehr für Mac zu interessieren begann, doch der hatte immer noch keine Arbeit und konnte ihr also keinen Antrag machen. Er liebte sie innig, fühlte sich aber verpflichtet, zurückzutreten und die Bahn freizumachen für seinen Freund George. Mein Vater tauchte in Shepperton ohne ihn auf. George machte das Rennen, Ivy wartete vergeblich, daß ihr Mac seine Liebe gestehen würde.

Inzwischen tat Großvater sein Bestes, seine Töchter mit besseren Männern zu verheiraten. Er nahm sie alle mit nach Ascot, zusammen mit dem Bürgermeister von Wimbledon und anderen Würdenträgern. Dank einer Frau und vier Töchtern gab es so viele Hüte zu kaufen und so viel Hin und Her wegen Preisen und Modellen, daß er kurzentschlossen ein ganzes Hutgeschäft kaufte und ihnen befahl, es zu führen – was sie auch taten, und zwar in den Konkurs.

Es war in den zwanziger Jahren. George nahm Ivy zum *Danse de Thé*, wo ihre Augen, vergeblich, nach Mac Ausschau hielten. Mutter und ihre Schwestern waren prächtige Charleston-Tänzerinnen. Flußpartys wurden veranstaltet auf mehreren vertäuten Kähnen, mit Grammophon und Lampions. Regatten nach Henley. Sie wurden richtige Backfische, schnitten sich die Haare kurz. Junge Männer waren da – noch zu haben, die Partys endlos. Kurzum: Jubel, Trubel, Heiterkeit. Und über allem die Leidenschaft für das Leben am Fluß und die Verachtung kleinbürgerlichen Miefs.

Meine frühesten Erinnerungen, in der extremen Großaufnahme des Kleinkinds, handeln vom Glanz polierten Bootsmahagonis, grüngestrichenen Messingarmaturen, dem Klingeln von Windglöckchen – und von meinem Großvater, einem Oger, wie er in Segelschuhen mit sehr groben Sohlen auf der Veranda schritt, die Dielen quiekten unter seinen Füßen wie zerquetschte Mäuse. Laute Stimmen. Mein Vater, kalkweiß, bebend. Mutter riß mich aus der Beobachtung der Maserungen, und dann vermischte sich der Geschmack von Mutters Tränen mit dem tröstenden Geruch der plissierten Ledersitze im Auto auf der Heimfahrt. Es gibt ein Foto von mir, da bin ich sechs Monate alt und hocke nackt auf einer Schokoladendose, das Zauntor von Chestnuts im Hintergrund. Handkoloriert von Tante Billy, dem dritten Chapman-Mädel.

Bei dem Streit ging es mit Sicherheit um Geld. Nachdem er jene rauschende Hochzeit ausgerichtet hatte, wollte Großvater nichts mehr mit Ivy und George zu tun haben, schon gar nicht ihre Armut lindern. Vater plackte sich mit einer Schreibtischtätigkeit, die er haßte. Mutter fühlte sich in Rosehill Avenue wie in einer Mausefalle. Sie sehnte sich nach dem Fluß, mein Vater bevorzugte die See. Als Junggesellen rasten er und seine Kumpel auf Krafträdern die Straße nach Brighton runter. Jetzt genoß er dieselbe heißgeliebte Strecke im schimmernden Austin 8 mit Frau und drei Kindern. Mac war inzwischen auch verheiratet und fuhr einen etwas besseren Standard 10 mit Flagge am Kühler. Es ging ihm gut, sein Sohn war mein bester Freund.

Mac und George rasten in ihren Wagen die Straße nach Brighton runter wie früher auf ihren Krafträdern. Die Wagen könnten eine gute Brise Brighton vertragen, erklärte Vater. Das war sein Allheilmittel gegen alle Leiden, besonders Husten und Schnupfen. »Eine Gute Brise« bedeutete, auf der Promenade schreiten und tief den eisigen Wind einatmen, der uns salzig in die vorwitzigen Nasen biß. Diese Allheilmittel-

Die Hochzeit: Krieg und Familienidyll
– *Hope and Glory* (Davros/Neue Constantin)

luft war Ozon. Es war die Patentmedizin von »Dr. Brighton«. »Bright, Brighter, Brighton«, hieß es in den Anzeigen – und das deckte sich perfekt mit der Philosophie meines Vaters. Dahinter stand natürlich der Wunsch, dem grauenhaften Leichentuch der Luftverschmutzung zu entkommen, das sich über London breitete und unsere sonnigen Vorstädte verschlang. Zusammen mit dem dichten Nebel des flachen Themsetals erzeugte das alles jene zum Erbrechen reizende gelbe Erbsensuppe. Also lehnten wir uns in Brightons Ozon – der Wind spülte mit 30 Meilen die Stunde die schlechte Luft raus und blies durch uns hindurch. Der Reinigung der Lungen folgte ein Bad in der »Briny«, damit auch der Körper rein wurde. Mein Vater führte uns dazu in das unfreundliche graue Meer. Diese gesunde Lebensweise wurde selbst im Winter beibehalten und war bekannt als »Ein Schnelles Bad«.

Mutter dagegen zog es immer zum Fluß, sprich: zur Themse, in die Gegend ihres geliebten Shepperton, und so pendelten wir Kinder von dahin nach dorthin, jeder Elternteil genoß die Vorzüge entweder von Fluß oder See. Es bedurfte der Abwesenheit meines Vaters und einiger wohlgezielter Bomben, damit meine Mutter schließlich zurück nach Shepperton und an den Fluß fand. In den letzten Jahren seines Lebens riß mein Vater dann wieder die Initiative an sich und erwarb einen Bungalow am Meer, in der Nähe von Brighton. Er war schon Ende 70, nahm jedoch immer noch sein regelmäßiges »Schnelles Bad« und schöpfte seine tägliche »Brise« auf der Frontpromenade, aber es fiel ihm auch auf, daß die Gezeiten »höchst unregelmäßig« geworden waren, die Intervalle wurden kürzer und kürzer. Eines Tages sah er, wie sich eine Möwe auf halbem Weg auf den steilen Kalksteinklippen niederließ. »Dieser Vogel hat schon seine besondere Stellung«, bemerkte er.

Er starrte auf den englischen Kanal: »Die See ist unser Schicksal.«

»In welcher Beziehung?« wollte ich wissen.

»In jeder Beziehung. Atlantikkonvois, die Armada, Fish and Chips.«

Als er tot war, verkaufte meine Mutter das Haus und zog in eine Mietwohnung mit Blick auf die Themse bei Kingston. Da lebt sie jetzt mit ihrer Schwester Jenny; die anderen zwei, Bobby und Billy, wohnen gleich um die Ecke. Ihre Ehemänner haben sie alle begraben, mit Ausnahme von Jenny, die die Institution der Ehe ablehnte. Ein Picknick am Fluß ist ihnen stets willkommene Gelegenheit, ihre Lieblingsplätze aufzusuchen, wo sie sich schon als Mädchen rumgetrieben haben. An einem warmen Tag steigen sie auch noch gern ins Wasser, um zu schwimmen.

Die vier waren während der Dreharbeiten häufige Besucher auf dem Set. Gleich am Anfang hab' ich sie zum Mittagessen ins Bray-Studio eingeladen, wo ich mit den Darstellern probte. Sie waren ganz aufgeregt, als sie Ian Bannen trafen, der ihren Vater spielte, nannten ihn Dada, ließen ihn ihren Groll spüren, munterten ihn auf, korrigierten seine Kleidung, seine Haltung, seine Art zu sprechen. Dann stand meine Mutter vor David Hayman, der die Rolle ihres Mannes spielte. Er sieht meinem Vater auffallend, fast schon unheimlich ähnlich, aber meine Mutter war nicht zufrieden. »Er bringt das nicht«, verkündete sie. »George war stattlicher als er.« Derrick O'Connor wiederum, der den besten Freund ihres Gatten spielt, den Mann, den sie ihr ganzes Leben liebte, ähnelt dem Vorbild überhaupt nicht. Nichtsdestotrotz wurde sie rot und flatterhaft, als sie ihn sah. Meine Frau sagt, Derrick sei die Sorte Mann, der gegenüber Frauen den Zwang verspüren, sich zu offenbaren. Schon bald erzählte sie ihm Dinge, die sie so gern dem anderen Mann erzählt hätte damals, Dinge, die sie vielleicht nur in ihren Gedanken ausgesprochen hatte.

Sarah Miles überhäufte sie mit Fragen über ihre Ehe, ihr Geschlechtsleben. Aber Mutter zog sich geschickt aus der Affäre und in die Unverbindlichkeit zurück, den einzigen Tribut, den sechsundachtzig Jahre ihrem Körper und Geist abgefordert hatten. »Sie hat so ein Leuchten in den Augen«, meinte Sarah. »Ihr ganzes Leben lang ist sie stark und tüchtig gewesen, aber ihre Romanze hat sie nicht preisgegeben.« Sie erinnerte Sarah so sehr an ihre eigene Mutter.

Ivy unterhält noch eine erstaunliche Korrespondenz. Sie schreibt anschaulich und schlüssig, nur die Erinnerung macht ihr zu schaffen. Sie vergaß zwar nicht, mir dieses Jahr eine Weihnachtskarte zu schicken, wohl aber vergaß sie, daß sie es nicht vergessen hatte, und so erhielt ich gleich vier Karten.

Als sie sich mit ihren Schwestern in den Rosehill-Avenue-Filmbauten umsah, da war sie noch einmal im Familienbesitz, den sie durch Feuer verloren hatte. Im Shepperton-Bungalow ihres Vaters, den ich detailgetreu am Ufer des Flusses nachbauen ließ, bewegte sie sich ungezwungen und glücklich in ihre Kindheit zurück. Im hohen Alter erscheint die Landschaft der Vergangenheit deutlicher als eine im Nebel versinkende Gegenwart. Diese Vergangenheit konnte sie nun noch einmal besuchen und berühren, und die Erinnerungen, die sie jetzt so beschäftigen, nahmen Gestalt und Form an. Es war ihre eigene Vergangenheit, der sie und ihre Schwestern einen Besuch abstatteten, und es machte ihnen Spaß.

Chamberlains Rede, die den Ausbruch des Zweiten Weltkriegs verkündete, steht am Beginn des Films. Ich erinnere mich an jede Einzelheit dieser Stunde und habe versucht, es in der Szene genauso wiederzugeben. Für meine Eltern war es so etwas wie Erlösung. Mein Vater hatte zwanzig Jahre Katzenjammer nach dem Rausch seiner Tage in der indischen Armee. Obwohl er fast vierzig war, konnte er es kaum erwarten, wieder Soldat zu werden. Es war eine segensreiche Flucht aus der stumpfsinnigen Schinderei seines Bürojobs und vielleicht einer vagen, unausgesprochenen Unzufriedenheit mit seiner Ehe und seiner Straße.

Meine Mutter fühlte sich gefangen in dieser Vorstadtstraße, verbannt von ihrer geliebten Themse und verheiratet mit einem Mann, den sie sehr gern hatte, aber nicht liebte. Da fielen die freundlichen Bomben, sie nahm ihre Kinder und floh nach Shepperton. Mein Vater bat seinen Freund Mac, auf uns aufzupassen.

Meine Mutter arbeitete während des Krieges nebenbei in Macs Fabrik. Er war ein wichtiger Mann in einer exponierten Stellung. Er hatte einen Benzinschein. Jeden Nachmittag fuhr er sie heim. Parkte seinen Wagen am Fluß vor unserem Bungalow, und ich sah, wie sie redeten, ohne hinter der Fensterscheibe verstehen zu können, was. Ihre lange ruhende Liebe keimte wieder, aber ich vermute, sie blühte nicht auf.

Inzwischen tauchte ich ein in die verzauberte Flußwelt, in der meine Mutter aufgewachsen war. Ich schwamm und fischte und kam bald mit allen Bootstypen zurecht, mit Skiffen, Nachen und Paddelbooten. Mein ganzes Leben war der Fluß, darin, darauf, daneben, davon. Eines Tages fiel ich ins Wasser, genau oberhalb der Schleuse. Die Schleusentore waren offen, und es sog mich hinab. Sosehr ich auch dagegen ankämpfte, ich kam nicht hoch. Der Schleusenwärter vermied, die Tore zu schließen, aus Angst, ich könne an einem festhängen. So blieb mir keine andere Wahl als zu warten, bis sich die Schleuse füllte, und die Luft anzuhalten. Ich atmete aus. Der Körper erhält seine Funktionen aufrecht: Unfreiwillig schluckte ich Wasser – erst rein, dann wieder raus. Es dröhnte und brauste in meinem Körper wie an einem überlaufenden Wehr. Ich öffnete meine Augen und beobachtete das turbulente grüne Wasser mit ziemlichem Vergnügen. Ich hörte auf zu kämpfen. Ich atmete Wasser ein, endlich eins mit dem Element, das mich so anzog. Ich war der Fluß geworden.

Der Schleusenwärter fischte mich mit seinem Bootshaken heraus, und ich spie das Wasser im hohen Bogen aus. Die Lungen können sich in einer solchen Notlage regelrecht abkapseln, habe ich gehört, und der Körper überlebt dank der Reste von Sauerstoff, die im System verbleiben. Ich kam wieder zu Bewußtsein mit einem quälenden Gefühl von Wehmut angesichts der erhabenen Harmonie, die ich verspürt hatte.

Dieser Fluß – mein ganzes Leben lang ist er in meinem Herzen und meiner Erinnerung geflossen: erquickend, inspirierend, tröstend. Ich bin sehr glücklich, daß ich einen Teil davon im Film wiedergeben konnte.

Soweit John Boormans Text, der sehr zum Verständnis des Films beitragen dürfte.

Eines der größten Hindernisse bei der Realisierung von *Hoffnung und Ruhm* stellte wieder einmal die Finanzierung dar. Nicht internationale Filme zu drehen ist heute das große Abenteuer, sondern sie finanziert zu kriegen. Das hängt zum Teil mit den enorm gestiegenen Produktions- und Werbekosten zusammen, zum Teil auch mit den vielfältigen filmfremden Interessen, die die Filmindustrie heute stärker kontrollieren als früher. Man muß schon ziemlich zäh sein, um das Hin und Her, das Auf und Ab durchzustehen, das zermürbende Antichambrieren vor vielen Türen.

Der erste, der, obwohl er wußte, daß das Projekt nicht leicht zu verkaufen sein würde, seine Unterstützung anbot, war Jake Eberts, die treibende Kraft hinter Goldcrest Films and Television. Eberts finanzierte die Vorbereitungsphase und half ein Budget zu erstellen, das damals bei 10 Millionen Dollar lag. Einer der ersten, der bereit war, den Film zu finanzieren, war Fred Turner von Rank, aber dann machte ihm sein Aufsichtsrat einen Strich durch die Rechnung. Die erste Zusage einer Beteiligung (über 500000 Dollar) kam von dem französischen Verleiher Paul Rassam, der mit dem *Smaragdwald* einen Erfolg hatte verbuchen können. In der Bundesrepublik würde, wie schon bei *Excalibur* und dem *Smaragdwald*, die Neue Constantin den Verleih übernehmen.

Sebastian Rice Edwards als Bill
(Davros/Neue Constantin)

Ziemlich vorn im Rennen lagen eine Zeitlang die Cannon-Leute Menahem Golan und Yoram Globus, die sich soeben in die britische Filmindustrie eingekauft hatten und nun an einem sehr britischen Stoff interessiert waren, um ihr Image aufzupolieren. Für Cannon strich John das Budget zähneknirschend auf $7^1/_2$ Millionen Dollar zusammen, aber als die Gruppe schließlich nur noch 5 Millionen aufbringen mochte, war der Handel geplatzt.

Da kam, als rettender Engel aus USA, André Blay von Embassy Home Entertainment, der mit dem Verkauf der Videocassetten vom *Smaragdwald* einen recht guten Schnitt gemacht hatte. In einer Zeit, da mittelständische Videogesellschaften nur schwer an echte Major-Produktionen herankommen, sind sie natürlich bereit, sich mit größeren Summen an der Finanzierung solcher zu beteiligen, um sich die Videorechte zu sichern. Dank Blays Zusage konnte *Hoffnung und Ruhm* in die Produktionsphase eintreten. Doch plötzlich – längst hatte der Bau der vielleicht größten Filmkulisse in England nach dem Krieg begonnen, der von Designer Anthony Pratt auf dem Wisley-Flugplatz rekonstruierten Rosehill Avenue – sah es so aus, als würde das Projekt am Widerstand des Coca-Cola-Managements scheitern, das damals Embassy kontrollierte und mit Blays eigenmächtiger Zusage nicht einverstanden war. Es gelang aber, Coke-Direktor Frank Biondi zu der Einsicht zu bewegen, daß eine moralische Verpflichtung zur Finanzierung des Projekts bestand, und so besorgten die Cola-Leute sogar einen (von ihnen kontrollierten) kapitalkräftigen US-Verleih, der mit einstieg: Columbia Pictures Industries. Zur endgültigen Finanzierung von *Hoffnung und Ruhm* trugen insgesamt 20 Verleiher, Film-, TV- und Videogesellschaften bei, aber – ausgerechnet bei diesem britischen Thema – nur eine englische Company war darunter: Channel 4, die ihre Beteiligung freilich erst zum Zeitpunkt der Fernsehausstrahlung in England einbringen würde.

Die Dreharbeiten begannen am 4. August 1986 und endeten am 21. Oktober. Die Postproduction-Phase im Twickenham Filmstudio lief noch bis zum 14. Februar 1987.

Der Autor, der auf Boormans Einladung einige Tage bei den Dreharbeiten zugegen war, hat John als sehr umsichtigen Regisseur erlebt, der eine unendliche Ruhe ausstrahlt, die sich auf das gesamte Team überträgt. Alles ist bestens geplant. Schiefgehen kann immer noch genug.

Abends, nach Drehschluß, sitze ich noch mit John, seiner deutschen Frau Christel, die aus Dithmarschen stammt, und Kameramann Philippe Rousselot zusammen, der *Diva* fotografiert hat und nach *Hoffnung und Ruhm* mit Jean-Jacques Arnaud zusammenarbeiten würde. Ich bin überrascht, wie hellwach John trotz eines ziemlich anstrengenden Arbeitstages ist. Er verrät mir später, daß er, wenn er einen Film drehe, nur vier Stunden Schlaf brauche. Wenn er dreht, ist er reine Energie, ganz besessen von seiner Arbeit, besessen im positiven Sinne.

»In Hollywood großen Erfolg zu haben«, stellt er nach dem Essen fest, »kann auch selbstzerstörerisch sein. Nehmen wir zum Beispiel den *Krieg der Sterne*. Der war so erfolgreich, daß Lucas als Regisseur damit zerstört wurde. Er konnte es einfach nicht mit sich selbst aufnehmen, mit seinem eigenen Erfolg. Folge war, daß, was nach *American Graffiti* als wirkliches Talent erschien, ausgelöscht wurde. Und dem armen Orson Welles ist, natürlich, dasselbe passiert. Auch sein Problem war, sich mit seiner eigenen Reputation messen zu müssen.«

Er selbst sei dagegen immer schon ein ganz klein wenig außerhalb des von Hollywood dominierten Systems gewesen. Gewiß wolle er mit dem System verbunden bleiben, aber zur gleichen Zeit möglichst nur am Rande hocken.

Einen Großteil seiner Unabhängigkeit verdankt John Boorman dem Umstand, daß er sich nie hat festlegen lassen.

Er ist ein Entdecker geblieben, der sich ungern wiederholt. Jeder neue Film von ihm ist eine Überraschung für sein Publikum. Nur die Erzählweise ist in allen seinen Filmgeschichten die gleiche: eine Struktur, die mythisch ist, die John als einen der ganz großen Filmzauberer unserer Zeit ausweist.

Literaturverzeichnis

John Boorman: Hope And Glory. London 1987.

John Boorman: Money Into Light. The Emerald Forest. A Diary. London 1985.

John Boorman mit Bill Stair: Zardoz. New York/London 1974.

Michel Ciment: John Boorman. London 1986.

James Dickey: Deliverance, A Screenplay. Carbondale and Edwardsville 1982.

Barbara Pallenberg: The Making Of Exorcist II: The Heretic. New York 1977.

Adriano Piccardi: John Boorman. Florenz 1982.

goldmann
blitz

Ehran Ghazal
Stickstoff & Liebe
21018

Gert Augustin
Die Beat-Jahre
21017

Cynthia Heimel
Sex Tips für Girls
21012

Svende Merian
Von Frauen
und anderen Menschen
21009

Marc Laidlaw
Papis Bombe
21003

Klaus Röder
Geld
21015

Rolf Giesen
Fernsehen, wie es jeder haßt
21006

GOLDMANN

GOLDMANN VERLAG

Goldmann Taschenbücher

Informativ · Aktuell
Vielseitig · Unterhaltend

Allgemeine Reihe · Cartoon
Werkausgaben · Großschriftreihe
Reisebegleiter
Klassiker mit Erläuterungen
Ratgeber
Sachbuch · Stern-Bücher
Indianische Astrologie
Grenzwissenschaften/Esoterik · New Age
Computer compact
Science Fiction · Fantasy
Farbige Ratgeber
Rote Krimi
Meisterwerke der Kriminalliteratur
Regionalia · Goldmann Schott
Goldmann Magnum
Goldmann Original

Goldmann Verlag · Neumarkter Str. 18 · 8000 München 80

Bitte
senden Sie
mir das neue
Gesamtverzeichnis

Name _____

Straße _____

PLZ/Ort _____